DANS LES PAS DE TOUTANKHAMON

Ce roman a déjà fait l'objet d'une publication sous le titre
Sous le sable d'Égypte, le mystère de Toutankhamon.
Nouvelle édition revue par l'auteur.
© Flammarion pour le texte et les illustrations, 2005
© Flammarion pour la présente édition, 2014
87, quai Panhard-et-Levassor – 75647 Paris Cedex 13
ISBN : 978-2-0812-8818-8

PHILIPPE NESSMANN

DANS LES PAS DE TOUTANKHAMON

ROMAN

Flammarion

À Éléonore, ma « belle est venue »

INTRODUCTION

Été 1922

*Où tout aurait pu s'arrêter
avant même d'avoir commencé*

Howard Carter pénétra dans une petite pièce obscure. Lorsque ses yeux se furent habitués à la pénombre, il aperçut autour de lui de magnifiques objets, des statues, des petits bijoux, un poignard incrusté de pierres précieuses.

Il saisit une statuette en céramique bleue. C'était Sekhmet, la déesse à corps de femme et à tête de lionne. Sekhmet, la puissante, la mangeuse de sang dont les colères se faisaient sentir dans toute l'Égypte, celle qui répandait la peste parmi les ennemis de l'ordre. Sekhmet, la déesse que les grands prêtres tentaient d'apaiser, car si elle tuait aveuglément, elle avait aussi le pouvoir de guérir.

Carter caressa la tête de lionne puis la reposa avec délicatesse. Ses grosses mains étaient étonnamment agiles. On aurait dit les pattes d'un ours, lourdes en apparence, mais tellement adroites pour attraper un saumon. Si Carter avait été un animal, il aurait sans doute été un ours. À quarante-huit ans, il avait un visage large et massif, un long nez, une épaisse moustache. Et à Louxor, il vivait dans une maison à la lisière du désert, un antre isolé de tout et de tous.

L'égyptologue observait les objets autour de lui lorsqu'une porte dérobée s'ouvrit soudain. Un homme entra dans la pièce sombre.

— Lord Carnarvon va vous recevoir... mais... il fait noir ici ! Je vais allumer.

Le majordome alluma le plafonnier puis se retira.

Carter était dans une petite bibliothèque aux murs recouverts d'étagères. Dessus, des dizaines d'antiquités plus merveilleuses les unes que les autres. L'archéologue les connaissait pour la plupart : il les avait lui-même achetées ou découvertes en Égypte pour le compte du riche lord anglais.

« Toc, toc, toc... » Il tapota sur la vitre de la fenêtre. Dehors, d'épais nuages s'amoncelaient dans le ciel, annonciateurs de pluie. L'été, en cette année 1922, était maussade ; un temps typiquement anglais. Tout autour du château, les pelouses étaient verdoyantes et parfaitement tondues, impeccables. Carter imagina une armée de jardiniers scrutant sans cesse, des ciseaux à ongles à la main, le moindre brin d'herbe qui aurait l'idée saugrenue de pousser plus vite que les autres.

La fortune de lord Carnarvon était immense.

Le visage de l'archéologue s'obscurcit.

Immense, mais pas illimitée.

Carter savait pourquoi Carnarvon l'avait convoqué dans son château de Highclere. Depuis cinq ans, le riche aristocrate avait financé d'importantes fouilles archéologiques en Égypte. Sur le terrain, c'est lui, Howard Carter, qui avait mené les travaux. Il avait ratissé, labouré, éventré une partie de la Vallée des Rois à la recherche du tombeau de Toutankhamon. Retrouver cette tombe, c'était le rêve de sa vie, mais un rêve qui tournait au cauchemar : à ce jour, les fouilles n'avaient rien donné, zéro, néant, pas la moindre trace du pharaon.

— Cher ami, avait prévenu Carnarvon quelques semaines plus tôt, nous devons nous rendre à l'évidence. Nous cherchions une tombe, nous avons trouvé un gouffre financier...

Carter tapota nerveusement sur la vitre. Dans quelques minutes, l'aristocrate lui annoncerait l'arrêt définitif des fouilles.

L'archéologue ressassa les arguments qu'il avait préparés pour convaincre le lord de poursuivre les recherches encore une année, la dernière. Il savait que la tombe était là, enfouie quelque part dans la Vallée des Rois, à portée de pioche. Et il savait qu'elle renfermait un fabuleux trésor. Comment le savait-il ? Ça, il l'ignorait...

Il ne croyait pas aux sortilèges, ni à la malédiction des momies, ni aux fantômes, ni à toutes ces sornettes de romanciers destinées à faire frissonner les lecteurs. Mais il sentait que, depuis toujours, sa vie et celle de Toutankhamon étaient intimement liées. À 3 200 ans d'écart, ils avaient foulé les mêmes routes, bu aux mêmes puits, vu les mêmes paysages.

Un simple hasard ?

Parfois, Howard Carter avait l'étrange sensation que, depuis le pays des morts, le jeune pharaon l'appelait au secours.

PREMIÈRE PARTIE

CHAPITRE PREMIER

La cité d'Aton, vers 1340 av. J.-C.

*L'enfance heureuse de Toutankhaton – La punition –
Une nouvelle qui bouleverse une vie*

Lorsque le disque solaire apparut au-dessus des montagnes désertiques de l'Est, une lumière rougeoyante se répandit sur la terre, depuis l'orient jusqu'à l'occident, repoussant les ténèbres loin au-delà des régions désertiques de l'Ouest.

Éclairés par les premières lueurs du jour, les flots noirs du Nil se mirent à scintiller. Le fleuve était large, épais, puissant, comme chaque année à la saison de l'inondation. Ses eaux chargées de limons débordaient de toute part et recouvraient les champs alentour.

Des hérons gardes-bœufs, au dos blanc et à la huppe rousse, survolèrent les terres inondées d'où seuls quelques îlots de palmiers émergeaient encore, puis se posèrent dans des eaux peu profondes en quête de vers ou de grenouilles.

À quelques enjambées de là, la cité d'Aton s'éveillait doucement. Bâtie sur un croissant rocheux et surélevé, entre un coude du Nil et les montagnes désertiques de l'Est, la capitale égyptienne était à l'abri des fureurs du fleuve. Au-dessus des palais et des maisons en brique de terre crue, au-dessus des temples en pierre et des rues droites comme des roseaux, flottait une odeur de pain cuit et d'oignon grillé.

À l'arrière des demeures, des serviteurs s'activaient dans les cuisines. Certains pétrissaient de la pâte, la posaient sur des planches en bois puis l'enfournaient dans la gueule des fours chauds. D'autres tiraient l'eau du puits. D'autres encore trayaient les chèvres et s'occupaient des chiens et des chevaux. Des poules picoraient les grains de blé tombés des silos. Dans leurs appartements, les hauts fonctionnaires s'apprêtaient pour l'anniversaire des dix ans de règne du pharaon en se couvrant le corps d'huiles odorantes. Des servantes disposaient le déjeuner dans la salle de séjour, dont le plafond surélevé était soutenu par des colonnes décorées de plantes et d'animaux peints. Les premières rumeurs de la rue pénétraient par les fenêtres haut perchées, que tamisaient de fins barreaux de pierre.

Jour de fête ou pas, les commerçants ouvraient leurs échoppes, arrangeaient les pots et les jarres en terre cuite, accrochaient des tapis colorés aux

devantures, tout en taquinant le marchand d'à-côté :
« Hé ! Seneb ! un aveugle ne viendrait pas s'asseoir sur tes tapis ! Sont trop laids... » Puis chacun s'asseyait sur son tabouret ; la journée serait longue.

À la troisième heure du jour, alors qu'une foule dense emplissait les rues surchauffées par le soleil, une clameur s'éleva sur la ville. Des enfants accoururent :

— Ils arrivent !...

Des gardes munis de bâtons en roseau écartèrent la foule puis des trompettes retentirent. Les marchands grimpèrent sur leurs tabourets pour voir l'arrivée du cortège.

Deux splendides chevaux blancs tiraient un char plaqué d'électrum. Debout dessus, le pharaon Akhenaton portait un pagne de lin blanc, un large collier d'or et la majestueuse double couronne d'Égypte. Son visage allongé était facilement reconnaissable : il ressemblait comme un jumeau aux statues de pierre qui ornaient la cité d'Aton. Dans ses longs bras maigres, il enlaçait tendrement la reine Néfertiti.

— Néfertiti la bien nommée, lança un marchand en équilibre sur son tabouret. Néfertiti, « la belle est venue ».

Sur les chars suivants se tenaient des personnages que les badauds ne connaissaient pas, sans doute des membres de la famille royale ou d'importants vizirs. Trottant à côté des chevaux, des musiciens tapaient sur des tambourins, des acrobates effectuaient des pirouettes et des hauts fonctionnaires essoufflés et luisants peinaient à suivre le cortège.

— Les princesses ! s'exclama un spectateur. Et le prince !

Les trois filles aînées du couple royal se serraient sur le quatrième char. Elles avaient entre quatre et six ans, et des petites jupes plissées en lin blanc. Derrière elles, se tenait un garçonnet de trois ans, leur demi-frère : Néfertiti n'engendrant que des filles, Akhenaton avait conçu avec l'une de ses sœurs un fils, ce qui n'était pas interdit pour un pharaon. Le garçonnet, nu comme un ver, souriait à pleines dents.

— Eh bien Toutankhaton, lui avait demandé sa nourrice le matin même, pourquoi souris-tu ainsi depuis deux jours ? Est-ce la fête de jubilé de pharaon qui te rend joyeux ?

Mais il n'avait pas voulu répondre.

Debout sur son char, ses yeux noirs grands ouverts, il dévorait chaque détail de la parade, les trompettes en cuivre, les chevaux joliment harnachés, les gardes sévères et les spectateurs en liesse, la tête de certains hommes qui, comme par magie, dépassait au-dessus de la foule de la hauteur d'un tabouret, les tapis colorés et les maisons en brique crue qui se succédaient à la vitesse d'un cheval au pas.

Le cortège remonta une grande avenue, passa sous le pont qui reliait le palais royal aux appartements du pharaon, et s'immobilisa devant les deux tours d'entrée du grand temple d'Aton. Akhenaton et

Néfertiti descendirent de leur char et pénétrèrent dans le temple, suivis par leurs trois fillettes et par le petit Toutankhaton, toujours aussi nu et souriant. Plusieurs fois, le garçonnet se retourna pour voir les gens derrière lui. Il n'en connaissait aucun. Si, deux : le divin père Aÿ avec sa gentille tête de grand-père, qui était le papa de la reine, et Smenkhkarê, qui était... qui était... Le garçon ne savait plus trop qui il était, mais son papa semblait l'aimer beaucoup.

L'intérieur du temple était un îlot de paix au milieu du tumulte de la ville. Toutankhaton et les fillettes trottinaient dans les cours inondées de soleil, zigzaguant entre les socles en brique sur lesquels les prêtres avaient déposé des oignons, des fèves et du blé ; les offrandes au dieu solaire Aton.
Une voix tonitruante retentit soudain :

Splendide est ton lever à l'horizon du ciel,
Ô vivant Aton, créateur de toute vie !
Quand tu te lèves dans le ciel d'orient
Tu emplis toute terre de ta beauté.
Quand tu disparais à l'occident du ciel,
Le monde est dans l'obscurité comme dans la mort,
Le lion rugit et le serpent mord.

Les enfants s'étaient arrêtés de courir, chacun s'était tu, écoutant religieusement le pharaon déclamer l'hymne qu'il avait lui-même écrit :

Mais à l'aube, dès que tu te lèves à l'horizon
Tu chasses les ténèbres et tu émets tes rayons.
Alors le Double-Pays est en fête,
L'humanité est éveillée et debout sur ses pieds :
C'est toi qui les as fait se lever !
Chaque troupeau est satisfait de son herbe ;
Arbres et herbes verdissent ;
Les oiseaux s'envolent de leurs nids,
Leurs ailes déployées, en adoration devant toi.

Akhenaton se tut, le visage rayonnant, comme illuminé de l'intérieur. Il avait de quoi se réjouir : grâce à Aton, les dix premières années de son règne avaient été un succès. Elles avaient profondément modifié le visage de l'Égypte.

Oubliés les dieux ancestraux, les Sekhmet à tête de lionne, Sobek le crocodile, Khnoum le bélier-potier, Thouéris l'hippopotame, Horus le faucon, Thot l'ibis, Bastet la chatte, tous ces dieux avec leurs cortèges de demi-dieux, de démons, de rites et de mythes ! Balayées les divinités vieillottes qui se terraient au fond de temples obscurs et que seuls les prêtres pouvaient approcher !

Akhenaton les avait remplacées par le seul dieu qu'il adorait, Aton le disque solaire, que chacun pouvait admirer par lui-même dans le ciel. Et pour satisfaire son dieu, il avait quitté Thèbes, l'ancienne capitale, et créé une ville nouvelle sur un croissant rocheux, entre un coude du Nil et des montagnes désertiques. La cité d'Aton était sortie de terre en quelques années, avec ses palais, ses commerces et ses temples.

Dans la cour inondée de lumière, Akhenaton jubilait : le Double-Pays formé de la Haute et de la Basse-Égypte prospérait et chacun avait de quoi se réjouir. La fête du dixième anniversaire était joyeuse. Le pharaon posa un regard aimant sur son épouse Néfertiti, plus éblouissante que jamais, puis sur ses fillettes pleines de vie, qui avaient repris leurs courses folles entre les socles couverts d'offrandes, puis sur son petit Toutankhaton.

Le garçonnet trottait derrière ses demi-sœurs, heureux lui aussi. Bientôt, lui avait-on annoncé, après la fête du pharaon pour être précis, il irait à l'école et apprendrait à écrire. Il recevrait alors un pagne et s'habillerait : il cesserait d'être nu et deviendrait un grand.

***

Quatre années avaient passé.

Le disque solaire, très haut dans le ciel, écrasait la cité d'Aton sous ses rayons. Les rues, encore grouillantes une heure plus tôt, se vidaient peu à peu. Chacun rentrait chez soi pour le déjeuner et la sieste.

— Cervelle de pépin !

Au loin, dans les champs le long du Nil, des fourmis s'agitaient. Ankhet, la saison de l'inondation, avait pris fin et le Nil s'était retiré des terres cultivables ; c'était désormais Peret, la saison des semailles. Les paysans labouraient et ensemençaient les champs. Toutankhaton les observait par la fenêtre tamisée du palais et imaginait que c'étaient des petites fourmis noires.

— Oreilles en galette !

Le garçon tourna la tête. La salle de classe était sombre, fraîche et agréable. Ankhsenpaaton, assise en tailleur sur une paillasse, un bout de jonc à la main, faisait semblant d'écrire pour laisser croire qu'elle n'avait pas dit les gros mots. Mais en cet instant, ils n'étaient que deux dans la pièce : la troisième fille du pharaon, huit ans, la peau mâte et les jolis yeux noirs de sa mère Néfertiti, et Toutankhaton, qui avait maintenant sept ans et un beau pagne blanc. Nakhti le scribe aux doigts agiles s'était absenté pour chercher des pains d'encre. La leçon d'écriture du matin touchait à sa fin.

— Narines sans souffle ! murmura la princesse sans bouger les lèvres.

— Et bien toi, éclata le garçon, avec ta tête d'écuelle, tu attires les oies ! Et tu as du fumier entre les doigts de pied. Et tu...

Nakhti le scribe revint juste à ce moment-là.

— Eh bien, Majesté, en voilà des façons de parler !

— Mais, s'étouffa Toutankhaton, c'est pas moi qui ai...

— « Les gros mots salissent la bouche de celui qui les dit bien plus que les oreilles de celui qui les entend. » Vous devriez le savoir !

— Mais...

Nakhti posa sur le sol les pains d'encre solidifiée noire et rouge, puis jeta un œil sur le travail d'Ankhsenpaaton :

— C'est bien, vous pouvez aller déjeuner... Quant à nous, jeune homme, nous allons faire une petite dictée supplémentaire...

La princesse se leva et, avant de sortir de la pièce, lança un regard espiègle à son demi-frère.

Grrr !...

— Prenez votre matériel d'écriture ! poursuivit le scribe.

— Mais je vais être en retard pour la natation.

Chaque après-midi, après les leçons de calcul et d'écriture du matin, Toutankhaton se livrait à des exercices physiques. On lui apprenait à nager, à lutter à main nue et à tirer à l'arc. On le faisait aussi monter à cheval, même s'il n'en était qu'au début de cet apprentissage.

— Non, non, rétorqua Nakhti le scribe, ce ne sera pas long. Prenez votre matériel d'écriture !

Toutankhaton, assis en tailleur sur sa paillasse, posa sa planchette en ivoire sur ses genoux. Il plaça une feuille de papyrus dessus et un pain d'encre noire dans le creux prévu à cet effet. Il saisit un petit morceau de jonc, en mâchonna le bout quelques secondes pour obtenir un petit pinceau.

Mais vraiment, c'était injuste...

— Vous êtes prêt ? demanda Nakhti.

Le scribe aux doigts agiles prit un air concentré pour montrer qu'il croyait très fort à ce qu'il allait dire, et dicta :

— « Si tu profites un seul jour de l'école, c'est pour l'éternité. » Je répète : « Si tu profites... un seul jour... »

Toutankhaton trempa le pinceau de jonc dans un petit pot d'eau, le passa plusieurs fois sur le pain d'encre jusqu'à ce qu'il noircisse et commença à écrire. Depuis trois ans, il avait appris à dessiner plusieurs dizaines de hiéroglyphes différents : le faucon, le vautour, le roseau, la vipère à cornes, le disque solaire, le scarabée... Chacun représentait une lettre, ou un son, ou un mot. En fonction de la phrase, 🦅 pouvait représenter la lettre A ou le mot « vautour ». Pas facile.

— « Les travaux que l'on fait à l'école, poursuivit le scribe, sont durables comme des montagnes. » Je répète : « Les travaux que l'on fait à l'école... Les travaux... »

Toutankhaton s'arrêta d'écrire : il avait dessiné un faucon à la place d'un vautour. Il prit le sac en cuir posé à côté de lui, enleva la ficelle qui le fermait et en sortit une petite pierre granuleuse. Il gratta l'animal erroné. Puis il prit dans sa trousse un lissoir en ivoire et frotta le papyrus pour aplanir l'endroit gratté, afin que ça ne bave pas lorsqu'il réécrirait dessus.

— La fin de la dictée, annonça Nakhti le scribe. « Plonge-toi dans un livre comme on se plonge dans l'eau. Celui qui n'y va point, c'est la misère. » Je répète : « Plonge-toi dans un livre... Plonge-toi... »

Toutankhaton jeta un coup d'œil rapide par la fenêtre, vers le Nil. « Eh bien moi, pensa-t-il, j'aimerais me plonger dans l'eau du fleuve. Vivement cet après-midi ! » Puis il revint à son papyrus, à ses vautours alignés, à ses roseaux et ses canards sauvages. « Vivement que je sois grand, que je sache tout et que je n'ai plus rien à apprendre. Vivement que je puisse passer mon temps dans les roseaux, à chasser les canards sauvages... »

***

Deux autres années avaient passé.

Dans la salle du trône du palais royal, qui paraissait d'autant plus grande qu'elle était déserte, le divin père Aÿ faisait les cent pas.

Les nouvelles de l'extérieur n'étaient pas bonnes. Chemou, la saison des moissons, touchait à sa fin. Cette année encore, la récolte avait été mauvaise et les silos à blé ne seraient pas pleins. Les paysans se plaignaient de plus en plus, cherchant des raisons à leur misère : n'était-ce pas la faute du dieu Aton ? Avec Khnoum, Horus, Bastet et Amon, le roi des anciens dieux, la vie était meilleure. Ceux-là savaient écouter les pauvres gens.

Un serviteur entra dans la salle du trône :

— Puis-je allumer les lampes ?

Le divin père, perdu dans ses idées noires, n'avait pas vu la nuit tomber. Toutankhaton ne devrait plus tarder maintenant.

— Oui, faites donc.

Autre objet de tracas, les frontières de l'Égypte, plus fragiles que jamais. Le bureau des affaires extérieures croulait sous les tablettes d'argile envoyées par les pays alliés. Le roi de Byblos, attaqué par le roi d'Amourrou, avait ainsi demandé de l'aide à son ami pharaon : « Envoie-moi cinquante paires de chevaux et deux cents fantassins que je puisse me défendre. » Sans réponse, il avait envoyé une deuxième tablette : « Grand roi, je tombe à tes pieds, sept et sept fois. Nos ennemis ont conclu des alliances. J'ai très peur car il n'y a personne pour me sauver. » Dans un ultime message, il disait : « Un homme avec un poignard en bronze m'a attaqué. Je ne peux plus sortir du palais. Mais tu ne me réponds pas. J'ai peur pour ma vie. » Depuis, on était sans nouvelle.

Dans la salle du trône, le divin père allait et venait nerveusement. Chaque fois qu'il passait près d'une lampe à huile, la flamme oscillait, emplissant la pièce d'ombres mouvantes et fantomatiques.

— Toutankhaton ne devrait plus tarder, répéta-t-il.

Oui, l'Égypte allait mal. Quand Akhenaton en avait hérité de son père, dix-sept ans plus tôt, le Double-Pays était puissant. Il l'était resté à peu près jusqu'à la fête du jubilé. Mais depuis six ans, tout allait de mal en pis, la colère montait parmi les paysans, les frontières se fragilisaient et les prêtres des anciens dieux, furieux d'avoir perdu leurs pouvoirs, complotaient...

Aÿ avait maintes fois essayé, en tant que père de la reine Néfertiti et lieutenant général des chars, d'alerter Akhenaton sur les problèmes du pays. Malheureusement, le pharaon s'en était toujours désintéressé : il préférait s'enfermer dans son palais à écrire et réécrire son fameux hymne à Aton, jusqu'à la folie...

Mais à quoi bon ruminer le passé ? L'irréversible avait eu lieu et c'était désormais à lui, Aÿ, de prendre les affaires en main.

Le serviteur annonça l'arrivée de Toutankhaton.

— Qu'il entre !

Le divin père le regarda marcher vers lui. Le temps était passé si vite : le garçon avait déjà neuf ans. Il n'était pas très grand pour son âge, pas très costaud. Plutôt chétif, même. Mais son visage ovale et régulier, dominé par ses grands yeux noirs, était beau. Ses lèvres charnues esquissaient un éternel sourire : il semblait heureux de vivre. Et il est vrai que, jusqu'à ce jour tout au moins, sa vie au palais avait été agréable et facile. Serait-il à la hauteur ?

Le divin père s'assit sur un banc en bois aux pieds en forme de pattes de lion.

— Viens à mes côtés... J'ai quelque chose à te dire.

Le garçon s'exécuta.

— Comme tu le sais, le malheur a frappé le palais ces derniers temps. Il y a d'abord eu le décès brutal d'Akhenaton, ton père, notre pharaon bien-aimé qui a tant fait pour le pays...

Tout en parlant, le divin père scrutait le visage du garçon, essayant de lire ses pensées, afin de ne pas le brusquer. L'enfant ne semblait guère intimidé par la conversation, ni par la salle du trône, ni par les ombres mouvantes.

— Avant sa mort, Akhenaton avait associé Smenkhkarê à l'exercice du pouvoir. Smenkhkarê aurait fait un excellent pharaon si...

Le divin père tourna la tête vers le trône vide.

— ... si la mort ne venait de l'emporter à son tour brusquement. Il nous faut lui trouver un successeur. Comme Akhenaton et Néfertiti n'ont eu que des filles et que le pharaon doit être un homme...

Le garçon fronça les sourcils : il avait compris.

— Tu es très jeune, Toutankhaton, et tu n'as pas été préparé à cela. Personne n'aurait pu imaginer le double malheur qui nous a frappés ! Mais je suis là et je t'aiderai...

Sur le visage du garçon de neuf ans, il n'y avait maintenant plus aucune trace de son éternel sourire.

— Toutankhaton, tu seras le prochain pharaon d'Égypte.

CHAPITRE DEUX

Amarna, janvier 1892

Carter se souvient de ses débuts – L'archéologie comme un puzzle – Un pharaon oublié ?

Dans le château de Highclere, Howard Carter tapotait machinalement sur la vitre de la bibliothèque, pensif. Dehors, une pluie fine arrosait les pelouses du parc. L'archéologue essayait de se remémorer le moment précis où il avait entendu parler de Toutankhamon pour la première fois. Quand était-ce déjà ? Il y a vingt, vingt-cinq ans ? Non, plus que ça, trente ans. Il avait alors dix-sept ans et n'était pas encore un archéologue.

Il se souvint, amusé, du jeune homme timide et maladroit qu'il était à l'époque.

À son arrivée en Égypte, il avait hérité d'un bourricot gris qui n'en faisait qu'à sa tête. L'animal s'arrêtait sans cesse pour croquer des brins d'herbe et prenait volontairement les mauvaises routes. Sur son âne noir, le paysan égyptien qui lui servait de guide devait faire demi-tour et, d'une tape, remettre la maudite bête dans le droit chemin.

— Amarna ! annonça l'Égyptien après une heure de trajet.

Le jeune Anglais regarda autour de lui, interloqué. C'était impossible : il n'y avait là aucun temple, aucune ruine de l'antique cité, pas même des bouts de colonnes, juste un champ de caillasses aride et plat.

— Vous êtes sûr ? demanda-t-il.

— Amarna ! répéta l'Égyptien, qui ne parlait qu'arabe.

Carter descendit de sa monture, prit sa valise et son carton à dessins, puis paya l'homme qui repartit avec ses deux ânes. À dix-sept ans, c'était son premier voyage loin de ses parents, loin de sa patrie, loin de tout. Tout à coup, il se sentit complètement perdu, seul au monde. Mais où était Flinders Petrie, l'archéologue qui l'avait fait venir ici ?

Il se retourna : l'Égyptien et ses ânes avaient disparu.

Sa valise sous un bras, son carton à dessins sous l'autre, il marcha au milieu de l'immense champ de caillasses désertique. Sur sa droite, le Nil. Sur sa gauche, des montagnes. En haut, le soleil, heureusement pas trop chaud en ce mois de janvier 1892. Devant lui, seule âme qui vive dans le paysage, un corbeau moqueur sautillait d'un caillou à l'autre.

Après quinze minutes de marche, il aperçut au loin des points sombres, comme des meules de foin. Non, pas des meules, des baraques, oui, des baraques en bois. Et il y avait de la fumée, de la vie, des êtres humains !

Un homme d'une quarantaine d'années vint à sa rencontre. Cheveux en bataille, longue barbe broussailleuse, chemise sale et pantalon troué, il ressemblait à un clochard.

— Vous êtes Howard Carter ? demanda l'homme. Je suis Flinders Petrie. Vous avez fait bonne route ?

— Euh, oui, merci...

— Je vous attendais. J'ai beaucoup de travail pour vous. Vous êtes dessinateur, n'est-ce pas ?

— Oui, répondit timidement Howard. Mon père est peintre d'animaux. Mais il fait aussi des portraits et des paysages. Et il travaille pour des journaux illustrés de Londres. C'est lui qui m'a appris la peinture, depuis que je suis tout petit.

— Vous n'êtes pas encore bien vieux ! Votre travail consistera à mettre sur papier les bas-reliefs et les hiéroglyphes gravés dans la pierre. Et à dessiner le plan des monuments.

— Des monuments ?!...

— Oui, c'est vrai, Amarna ressemble un peu à un champ de patates, s'amusa Petrie. Mais attendez ce soir et vous verrez : au soleil couchant, des ombres apparaissent et l'on voit alors distinctement le tracé des rues, des maisons, des palais et des temples.

L'antique ville réapparaît. Bienvenue à Amarna, le nom arabe de l'ancienne cité d'Aton ! Bienvenue dans la capitale d'Akhenaton !

***

La première semaine, Carter construisit sa baraque en bois. Puis Flinders Petrie lui fit recopier une fresque montrant une parade d'Akhenaton dans la cité. Puis, comme le jeune homme le demandait avec insistance, l'archéologue lui attribua un carré de fouilles près des fondations du grand temple d'Aton. Il creusa le sol et, après seulement trois jours de travail, découvrit les fragments d'une statuette de Néfertiti – la chance du débutant.

Les semaines suivantes, il ne trouva plus rien d'intéressant, mais le virus de la fouille l'avait atteint et, chaque matin, il se levait avec l'envie d'aller au travail, car ce jour-là, il le sentait, il déterrerait quelque chose, une statuette, un bas-relief ou une poterie, et si par malchance il ne trouvait rien, ce serait le lendemain, ou le jour d'après, mais il savait que son acharnement finirait par payer.

Et il paya en effet.

— Je peux voir ? demanda Petrie, alors qu'ils dînaient autour d'un feu de camp.

Carter lui tendit fièrement la tablette sculptée qu'il avait déterrée en fin d'après-midi. À la lueur du feu, l'archéologue l'inspecta attentivement.

— Elle est belle, très belle... Là, c'est Akhenaton sur son trône, avec ce corps déformé facilement reconnaissable. Dommage que la pierre soit cassée au niveau de la tête... Là, dansant sur les genoux du pharaon, Néfertiti... Et là, deux des fillettes du couple... On les voit souvent sur les bas-reliefs de cette époque... C'est une belle tablette, mais pas très intéressante...

Ça, c'était tout Petrie ! Il pouvait être terriblement déstabilisant, et pas seulement par son allure négligée, son mépris du luxe et des conventions. « Pas très intéressante... », rumina le jeune Carter, vexé.

— Tu vois, Howard, ta tablette sera très belle sur une étagère, mais elle n'éclaircit aucun des mystères de la cité d'Aton. Ce qui serait intéressant, ce serait de savoir pourquoi la ville a été rasée.

— Rasée ?

— Oui, rasée. Détruite. Autrefois, les Égyptiens construisaient les maisons et les palais en brique crue, un matériau très fragile. Il est normal qu'il n'en reste rien. Mais les temples, eux, devaient être éternels comme les dieux qu'ils abritaient. C'est pourquoi ils étaient bâtis en pierre. Et ça a fonctionné : les temples de Louxor et de Karnak, à 250 km plus au sud, sont toujours debout 3 300 ans plus tard...

— Le grand temple d'Aton n'était-il pas en pierre ?

— Si, ses fondations montrent qu'il l'était... Il devrait donc en rester quelque chose. Puisque ce n'est pas le cas, c'est qu'il a été démonté par la main de l'homme, détruit pierre après pierre, comme d'ailleurs toute la cité d'Aton... Qui a fait cela ? Quand ? Pourquoi ? C'est ce que je voudrais savoir, et ta jolie tablette n'apporte malheureusement aucune réponse...

Le jeune Carter écoutait, fasciné, la démonstration de son compagnon. C'était captivant : l'histoire ressemblait à un gigantesque puzzle. Certaines pièces du passé avaient traversé le temps et on les retrouvait aujourd'hui : c'étaient les statues, les inscriptions, les fondations... D'autres avaient disparu. Le but de l'archéologie était d'imaginer, à partir des pièces existantes, la forme des pièces manquantes afin de reconstituer l'ensemble de l'histoire...

Petrie mit une bûche sur le feu de camp puis tira de sa poche un vieux mouchoir en tissu. Il le déplia et en sortit une petite bague pas très jolie. Il la tendit à Carter, qui l'observa.

— Il y a une inscription en hiéroglyphes : un soleil, un scarabée, trois traits verticaux et un demi-cercle. Qu'est-ce que ça signifie ?

— C'est le nom d'une personne, répondit Petrie. Comme il est entouré d'un cartouche, il s'agit d'un pharaon, le pharaon Toutankhamon.

— Connais pas.

— C'est normal, personne ne le connaît. Il n'apparaît même pas sur la liste officielle des pharaons établie par les historiens de l'Antiquité. Pourtant, il a bel et bien existé puisque cette bague existe. Et comme elle a été retrouvée dans la cité d'Aton, je suppose qu'il y a vécu. Il pourrait avoir régné juste après Akhenaton. Mais pourquoi son nom n'est-il pas sur la liste des pharaons ? Autre mystère que j'aimerais éclaircir...

— Était-il le fils d'Akhenaton et de Néfertiti ?

— Impossible à dire. Sur les fresques, seules les fillettes du couple apparaissent... Mais ça ne signifie rien. Toutankhamon était-il l'enfant d'Akhenaton et d'une autre femme ? Était-il un demi-frère d'Akhenaton ? Un cousin ? En tout cas, il devait faire partie de la famille royale puisqu'il est devenu pharaon. Mais avec le peu d'éléments dont je dispose, je ne peux pas t'en dire plus...

Flinders Petrie se tut et resta longuement silencieux. Peut-être essayait-il d'imaginer les pièces manquantes du puzzle géant, ou bien se voyait-il en train de déterrer de nouveaux indices.

À ses côtés, le jeune Carter pensait lui aussi à ce mystérieux Toutankhamon. Qui était-il ? À quoi sa vie avait-elle ressemblé, il y a 3 200 ans ? Qu'avait-il ressenti au moment de devenir pharaon ?

Au loin, brisant le silence, un chien aboya dans la nuit.

CHAPITRE TROIS

Thèbes, vers 1330 av. J.-C.

« Comment je suis devenu pharaon » –
Des dieux et de l'or –
Dix-huit ans et l'éternité devant soi

« Toujours je me souviendrai du matin où, le torse et les pieds nus, un simple pagne plissé autour des hanches, ma vie bascula. J'avais neuf ans et, ce jour-là, je devins pharaon d'Égypte.

Quinze jours plus tôt, avec le divin père Aÿ et d'autres personnes importantes du palais, nous avions quitté la cité d'Aton et remonté le Nil en nef royale jusqu'à Thèbes, la capitale jadis abandonnée par Akhenaton. Durant ce voyage, le divin père m'avait expliqué le déroulement de la cérémonie à venir : moi qui avais grandi avec le dieu Aton, je serais couronné, comme mes prédécesseurs, au nom des anciens dieux. Avec leurs têtes de crocodile ou d'ibis, ils m'effrayaient un peu. À l'arrivée à Thèbes, des prêtres m'avaient pris en main et interdit de manger pendant trois jours. Puis, un matin, ils m'avaient conduit, inquiet et presque nu, devant l'entrée du temple de Karnak.

C'est là que ma vie bascula.

Le temple s'ouvrait devant moi comme un vaste labyrinthe de courettes, de salles, de couloirs et de passages secrets. Par où aller ? Malgré les explications du divin père, j'étais perdu.

Soudain, un monstre à corps humain et tête de faucon surgit de derrière une colonne. J'eus un bref mouvement de recul, le temps de comprendre qu'il s'agissait d'un homme masqué, l'un des prêtres qui, pendant la cérémonie, joueraient le rôle des dieux.

Il me prit la main droite – j'essayais de ne pas trembler –, pendant qu'un autre me saisit la gauche. Ainsi encadré, je fus guidé à travers une forêt de colonnes jusqu'à une salle éclairée par des torches.

Un homme me fit signe de prendre place au milieu d'une vasque en pierre. Tout autour, aux quatre coins cardinaux, quatre prêtres masqués tenaient des carafes en or. Je reconnus Thot l'ibis, Seth le chien et Horus le faucon. Je ne connaissais pas le dernier. Ils prononcèrent des paroles magiques et versèrent sur moi de l'eau sacrée. J'en frissonnai : par cette eau, je devenais pur et digne d'apparaître devant Amon, le roi des dieux.

Les prêtres me guidèrent à travers une cour ornée de deux obélisques vers la chapelle du nord, où se tenaient quatre dieux de Basse-Égypte, puis vers la chapelle du sud. À peine entré, j'aperçus une ombre fugace se jeter sur moi et, en un éclair, s'enrouler autour de ma tête. Ne plus bouger. Ne plus respirer : c'était la déesse-serpent, fille d'Amon. Elle m'embrassait pour confirmer que son père m'avait choisi pour devenir pharaon. Mais à cet instant, je ne pensais pas à ça, j'étais tétanisé – je n'avais que neuf ans.

J'attendis un temps infini qu'un prêtre enlève la déesse-cobra. Habillé d'une peau de panthère et d'une perruque tressée, il prononça des paroles magiques et incompréhensibles, prit la couronne blanche du nord et la posa sur ma tête. Il recommença avec la couronne rouge du sud. Par leurs pouvoirs surnaturels, ces couronnes m'aideraient à remplir mon rôle de pharaon.

Je repris ma marche, toujours guidé par les prêtres, passai des pylônes monumentaux puis bifurquai vers une petite chapelle obscure, juste assez claire pour que je devine, entre deux colosses de pierre, le sanctuaire en granit rose du dieu Amon. J'entrai seul, m'agenouillai comme on me l'avait demandé, le dos à la niche, et sentis – je suis sûr que je l'ai sentie – la main du dieu se poser sur ma nuque.

Ensuite, je ne sais si c'est l'énergie transmise par Amon, mais je me sentis apaisé. Des prêtres me dévoilèrent mon grand nom de pharaon. Un nom en cinq parties : celui d'Horus faisait de moi le représentant de ce dieu sur Terre ; celui de Nebty me plaçait sous la double protection des déesses vautour et cobra ; celui d'Horus d'Or symbolisait la victoire du bien sur le mal ; par mon prénom de couronnement, Nebkhéperourê, je devenais roi de Haute et de Basse-Égypte ; enfin, je gardais mon nom solaire, celui que m'avait donné ma mère à ma naissance : Toutankhaton.

Lorsque je ressortis du temple, le soleil était haut dans le ciel. Une foule dense m'acclama, enthousiaste : moi, Toutankhaton, neuf ans, j'étais devenu l'égal des dieux, seul capable de les regarder en face et de leur rendre des cultes. Lentement, droit comme un roseau, ma couronne sur la tête, je marchai vers le char qui m'attendait. Je grimpai dessus et fis le tour de la ville, comme le font les pharaons.

Tard dans la soirée, je regagnai le palais royal de Thèbes, heureux d'y retrouver mon lit : tout dieu que j'étais, je me sentais très fatigué. »

***

« À quoi ressemble la vie d'un pharaon ?

Je n'ai encore que dix-sept ans, alors je ne sais pas tout, mais je peux raconter l'enfance d'un pharaon.

Quelques jours après mon couronnement, le divin père vint me trouver et annonça : "La cité d'Aton est la capitale du Double-Pays. C'est là-bas que nous devons retourner vivre."

Au début, j'étais soulagé qu'il prenne les décisions à ma place. Comment aurais-je pu, si jeune, gérer tout seul le plus puissant pays du monde ?

Je retournai donc dans la cité d'Aton, puis à l'école où, comme par magie, Nakhti ne me gronda plus. Je ne lui en laissai d'ailleurs pas l'occasion : je fis attention de ne plus prononcer les mots qui salissent la bouche – du moins pas en public.

Le scribe aux doigts agiles m'apprit la géographie de mon royaume, pays de sable traversé par le Nil, source de toute vie. Il m'apprit à calculer la quantité de blé produite par un champ en fonction de la hauteur des crues, et la quantité prélevée sous forme d'impôt. Il m'apprit le fonctionnement de l'État, "État à trois têtes" disait-il en grattant la sienne : l'armée qui maintient l'ordre, les prêtres qui entretiennent les relations avec les dieux, et moi, le pharaon, qui dirige tout.

En l'an 4 de mon règne, le divin père s'ouvrit à moi d'un problème qui le souciait : "Majesté, me dit-il, je dois vous parler des anciens dieux. Votre père Akhenaton a voulu les supprimer mais il a échoué. Leurs prêtres sont restés puissants et le peuple continue à les vénérer. Pour redresser le pays, nous avons besoin du soutien de tout le monde. Voici ce que je vous propose..."

Je l'écoutai longuement et acceptai sa proposition. C'est ainsi qu'à treize ans, pour montrer mon attachement à tous les dieux et surtout au plus grand d'entre eux, Amon, je changeai de nom : de Toutankhaton, qui signifie "image vivante du dieu Aton", je devins Toutankhamon, "image vivante du dieu Amon". Je quittai également la cité d'Aton pour m'installer à Thèbes, où je fis rouvrir les anciens temples, que les herbes folles avaient envahis.

C'est dans cette ville que je finis d'apprendre mon métier de pharaon.

Actuellement, chaque matin, après la toilette royale, le divin père me lit les dépêches du jour : le roi du Karadouniash me témoigne de sa fidélité – penser à lui répondre rapidement. L'architecte du temple de Faras me demande si je viendrai l'inaugurer – lui dire que oui (de plus en plus, je prends les décisions seul). Le général Horemheb annonce avoir remis de l'ordre dans l'administration royale – excellente nouvelle, même si sa méthode laisse songeur : les fonctionnaires corrompus ont le nez coupé...

L'après-midi, pour me détendre, je pars parfois à la chasse au canard en compagnie de ma demi-sœur Ankhsenpaaton, la princesse avec qui j'allais autrefois à l'école. Rebaptisée Ankhsentamon, elle est devenue une très jolie jeune femme. Ma femme. »

***

« L'autre jour, des serviteurs ont descendu mon trône dans la grande cour du palais. Malgré la chaleur étouffante, ce serait plus pratique ainsi.

Je me suis assis dessus en tenue d'apparat : la robe de lin plissée avec la queue de girafe, des sandales couvertes de perles et la couronne bleue à tête de cobra. Dans une main, je tenais la crosse et le fouet royal ; dans l'autre, la croix *ankh,* symbole de vie éternelle.

D'un imperceptible mouvement de la tête, j'ai donné l'ordre du départ.

Au son des trompettes, le vice-roi de Nubie entra dans la cour accompagné de nombreux princes vêtus de peaux de léopard et de plumes d'autruche. Ils s'agenouillèrent à mes pieds, la tête baissée et les bras en l'air, en signe de respect.

— Relevez-vous ! leur ordonnai-je.

Ils obéirent.

Des serviteurs entrèrent alors dans la cour, déposant devant moi des boucliers recouverts de peaux de félin, un magnifique tabouret pliant en ébène avec des coussins en fourrure, un char plaqué d'or, des coupes remplies de pierres précieuses, des sacs, des sacs et des sacs de poudre d'or...

Alors que ces merveilleux cadeaux s'amoncelaient, je sentis une grande joie monter en moi. Les artisans de Nubie avaient réalisé un fabuleux travail et le vice-roi Houÿ, qui avait collecté les objets et me les avait apportés, également.

Un second char tiré par des chevaux pénétra dans la cour. Une belle princesse noire se tenait dessus. Un esclave la suivait, une palme à la main pour la protéger du soleil. Après la cérémonie, la princesse resterait à Thèbes : elle faisait partie des cadeaux.

Je jetai un œil vers la tribune où se trouvaient les membres les plus éminents de la cour. Je croisai le regard d'Ankhsentamon, mon épouse bien-aimée, et lui fis un petit clin d'œil qui signifiait : "Ne t'en fais pas, cette princesse rejoindra mon harem car c'est la tradition, mais pas mon cœur car c'est toi que j'aime !" Elle me répondit par un clin d'œil complice.

Soudain, des cris rauques. À l'entrée de la cour, un troupeau de bœufs gras avec d'immenses cornes recourbées. Monstrueusement impressionnant ! Mais pas autant que l'interminable bestiole qui fermait le cortège : avec son cou si long qu'elle faillit ne pas franchir le porche, une girafe avançait, maladroite et apeurée.

Je me levai et fis un pas vers le vice-roi, qui s'agenouilla.

— Vice-roi Houÿ, déclarai-je d'une voix ferme et solennelle, pour te remercier de ta fidélité, voici quelques cadeaux en retour.

Un serviteur égyptien m'apporta un plateau couvert de colliers d'or. Alors que je les passais un par un autour du cou du vice-roi, je cherchai du regard un homme dans la tribune officielle. Où était-il ? Ah ! le voilà. Le divin père Aÿ hocha la tête, comme pour me dire : "Vous vous en sortez très bien, Majesté. Je suis fier de vous !" Cela me réchauffa encore plus le cœur.

Je sais que je suis désormais à la hauteur de ma fonction. Depuis huit ans, j'ai beaucoup écouté, beaucoup regardé, beaucoup appris. Avec l'aide du divin père et de l'ensemble des dieux, j'ai redressé la situation du royaume. Les frontières sont maintenant consolidées, les pays alliés rassurés, les champs verdoyants, les paysans heureux et les prêtres tranquillisés. Le Double-Pays a retrouvé sa grandeur d'antan et cela ne fait que commencer.

Je suis un bon roi et je deviendrai un très grand roi, de ceux qui règnent longtemps, qui anéantissent leurs ennemis, qui bâtissent des temples et donnent confiance à leur peuple. Je ferai tellement de bien qu'on se souviendra éternellement de moi.

Mon image apparaîtra sur les monuments et jamais, jamais mon nom ne disparaîtra. »

CHAPITRE QUATRE

Thèbes, novembre 1901

*Comment Carter devint inspecteur –
On a pillé une tombe ! – Sur la piste des voleurs*

À dix-sept ans, Howard Carter découvrit donc l'existence de Toutankhamon à la lueur d'un feu de camp.

Les jours suivants, il pensa souvent au mystérieux pharaon et s'amusa à imaginer sa vie. Inlassablement, il sillonnait la désertique cité d'Aton, songeur : c'était ici que le roi avait grandi. Il devait forcément en rester des traces quelque part, enfouies près du palais royal ou du temple d'Aton. Le jeune dessinateur aurait aimé les déterrer pour résoudre les énigmes soulevées par Flinders Petrie : de qui Toutankhamon était-il le fils ? Pourquoi n'apparaissait-il pas dans la liste des pharaons ? Pourquoi n'avait-on rien retrouvé de lui en dehors d'une bague ? N'avait-il rien fait de sa vie ?

Mais il ne découvrit rien et, bientôt, oublia le fantomatique pharaon pour se consacrer à d'autres rois, bien réels ceux-là.

Il quitta la cité d'Aton et s'installa à Thèbes, où il travailla six années à la restauration du temple de la reine Hatchepsout : c'est là qu'il finit d'apprendre son métier d'archéologue.

Gaston Maspéro, le responsable des Antiquités du Caire, le contacta alors : « Vous êtes un bon archéologue, vous connaissez bien la région thébaine, vous parlez couramment l'arabe et vous savez diriger une équipe. Accepteriez-vous de devenir inspecteur des Antiquités pour la Haute-Égypte ? »

À vingt-cinq ans, il accepta avec plaisir.

***

— Et en quoi consiste votre travail, monsieur l'inspecteur ?

Confortablement attablé dans le salon d'honneur du Winter Palace, le jeune Carter ne parvenait pas à détacher son regard du petit doigt de la vieille Anglaise assise en face de lui : elle tenait sa tasse de thé en le dressant bien droit.

« Je pourrais y accrocher mes clefs », pensa-t-il amusé.

— Euh, mon travail ?!... Je veille à ce que les touristes puissent visiter les sites archéologiques dans de bonnes conditions. J'ai ainsi fait installer l'électricité dans la Vallée des Rois, où sont enterrés presque tous les pharaons du Nouvel Empire... Je contrôle également le travail des égyptologues : s'ils découvrent une nouvelle tombe, je note ce qu'elle contient...

— Comme c'est intéressant ! Avez-vous déjà découvert un trésor ? s'émoustilla la vieille dame, dont le petit doigt se raidit encore un peu.

Carter regrettait d'avoir accepté son invitation à petit-déjeuner : il savait déjà comment ça finirait. Chaque année, c'était la même histoire : lorsque le brouillard givré recouvrait la Grande-Bretagne, les plus riches Anglais s'en allaient, tels des oiseaux migrateurs, vers les pays chauds et secs. Nombre d'entre eux se posaient alors dans les palaces de la région : dès novembre, les ombrelles colorées fleurissaient dans le désert égyptien – vision surnaturelle !

— Un trésor ?... Non, personne n'en a jamais trouvé. Dans l'Antiquité, il devait y en avoir beaucoup : les tombes des pharaons regorgeaient de statues d'or et de bijoux... Malheureusement, depuis 3 000 ans, les pilleurs ont passé la région au peigne fin : aucune sépulture ne leur a échappé. Il y a trois ans, j'ai bien découvert une tombe, celle d'un noble. J'étais à cheval lorsqu'il a trébuché et m'a fait chuter. Il avait mis le sabot dans un petit trou. En y regardant de plus près, je me suis aperçu qu'il y avait là une pierre taillée par la main de l'homme. Et en agrandissant le trou, j'ai découvert l'entrée d'une tombe. Malheureusement, elle avait été pillée dans l'Antiquité : elle était presque vide. Aujourd'hui, les archéologues ne retrouvent que des objets épars...

— Quel dommage ! regretta la vieille dame, dont le petit doigt se ramollit et se recroquevilla. Croyez-vous que je puisse tout de même participer à des fouilles ?

« Nous y voilà ! » pensa Carter. Les Anglais en exil finissaient toujours par s'ennuyer. Une fois lassés des soirées mondaines et des visites à dos d'âne, ils se mettaient en tête de fouiller un coin de désert à la recherche d'un trésor oublié. Il fallait à tout prix l'éviter et tuer dans l'œuf l'archéologue du dimanche qui sommeillait en eux.

— Pour faire des fouilles, il faut d'abord demander des autorisations. C'est terriblement administratif ! Ensuite, ce sont des heures au soleil à gratter la terre pour, le plus souvent, ne trouver qu'un misérable tesson de poterie... Croyez-moi, miss Christie, ce n'est guère amusant ! Mais si vous voulez, je peux vous donner l'adresse d'un bon antiquaire...

Le petit doigt de la vieille dame se ratatina encore un peu.

Satisfait, Howard Carter but une gorgée de thé à la bergamote. Un Égyptien en djellaba marron déboula alors dans le salon du palace.

— Monsieur, je vous trouve enfin, haleta-t-il en anglais.

— Qu'y a-t-il, Mustapha ?

— Des voleurs sont entrés cette nuit dans la tombe d'Aménophis II... Ils ont touché à la momie. Vous devez venir !

— Des voleurs ! s'étrangla la vieille dame, dont le petit doigt se raidit soudain. Comme c'est excitant !...

— J'arrive, répondit l'archéologue, à la fois soulagé d'abréger le petit déjeuner et inquiet de ce qu'il allait découvrir.

***

Howard Carter grimpa sur son cheval puis longea le Nil sur quelques centaines de mètres, jusqu'au temple de Louxor. Il était 10 heures du matin et la rue était noire de monde, de vendeurs d'eau, de maraîchers, de femmes voilées, d'adolescents qui alpaguaient les Anglais pour leur proposer un tour en calèche ou une balade au temple de Karnak.

Il monta sur le vieux bac qui, de 5 heures du matin à minuit, faisait des allers-retours incessants entre les deux rives du Nil. Un coup de corne retentit, signalant le début de la traversée.

— Mustapha, raconte-moi ce qui s'est passé !

— Abdel était de garde la nuit dernière. Ce matin, lorsqu'il a ouvert la tombe d'Aménophis II pour les visites, il s'est aperçu que la momie avait été sortie du sarcophage. Pourtant, le cadenas de la grille d'entrée n'a pas été forcé...

— Le cadenas est intact ? Bizarre... Et Abdel n'a rien entendu ?
— Non rien.

La tombe d'Aménophis II, découverte en 1898 par l'archéologue français Victor Loret, ne contenait pas grand-chose – la momie et une maquette en bois de barque royale – mais Carter, en tant qu'inspecteur des Antiquités, en était responsable.

— La police est prévenue ?
— Oui. Elle ne devrait pas tarder.

Un second coup de corne marqua l'arrivée du bateau de l'autre côté du Nil. La rive occidentale du fleuve était très différente de l'orientale : ici, point de ville, ni de foule, ni de palaces. Cette berge était verdoyante, couverte de dattiers, de champs de maïs et de canne à sucre. En s'éloignant du Nil par la route en terre, on traversait plusieurs villages puis, après deux kilomètres, le paysage changeait brusquement : la verdure cédait la place à un désert blanc et caillouteux. L'air devenait sec et brûlant, la lumière éblouissante, presque douloureuse.

Carter passa au galop devant le temple d'Hatchepsout, creusé à flanc de montagne, puis obliqua à gauche vers un petit sentier qui s'élevait en zigzaguant. Du sommet, en se retournant, il aurait aperçu la vallée du Nil qui ondulait paisiblement au milieu des sables jaunes. Mais, gagné par l'inquiétude, il franchit la crête sans s'arrêter et plongea vers la Vallée des Rois – ce raccourci lui avait fait gagner une demi-heure.

L'arrivée sur la vallée était impressionnante : ici, nulle trace de vie végétale ni animale, juste du calcaire blanc, un lieu de mort. Au pied d'un à-pic rocheux, l'entrée de la tombe d'Aménophis II s'ouvrait telle une gueule béante. Carter rejoignit le groupe d'hommes qui s'y tenait et descendit de cheval.

— Bonjour Abdel. Alors, que s'est-il passé ?

L'Égyptien lui raconta l'histoire : la nuit de garde habituelle puis, au matin, la découverte de la tombe profanée.

L'archéologue prit une torche et descendit dans le boyau rocheux qui s'enfonçait dans la montagne. Il passa deux petites salles en enfilade et déboucha dans la chambre funéraire aux murs décorés à l'effigie des dieux. Au milieu, le sarcophage de quartzite rouge était vide. La momie gisait à côté, à même le sol. Les bandelettes de lin avaient été découpées. Un massacre. Le voleur était un professionnel : il savait que les prêtres égyptiens coinçaient des petits bijoux en or sous les bandages et il les avait récupérés.

À la lueur de sa torche, Carter inspecta le sol et découvrit des traces de pas fraîches dans le sable. Plusieurs sortes de traces : sans doute celles d'Abdel, et d'autres.

— Monsieur Carter !... Monsieur Carter !...

Il remonta rapidement à la surface. Un petit homme auscultait le cadenas de la grille d'entrée. Très maigre, presque sec, il flottait dans son uniforme de policier.

— C'est étrange, dit le petit homme sans relever la tête. Le cadenas n'a pas l'air d'avoir été forcé et pourtant, en y regardant de près, on s'aperçoit qu'il a été scié et recollé avec du plomb...

Étrange, en effet. Pourquoi les voleurs avaient-ils ressoudé le cadenas ? Pourquoi Abdel n'avait-il rien entendu ?

Carter devait éclaircir tout cela au plus vite : sa réputation d'inspecteur des Antiquités était en jeu.

***

L'enquête fut aussi promptement menée que promptement enterrée.

L'archéologue et le petit policier se rendirent à Gournah, un village voisin en lisière de désert. Ses maisons en brique crue et au toit plat abritaient des paysans, des artisans et la tristement célèbre famille Abd el-Rassoul.

Mohammed Abd el-Rassoul, un homme d'une cinquantaine d'années à la barbe grisonnante, leur ouvrit :

— *Salam malecum.* Que puis-je pour vous ?

— *Malecum salam*, répondit le policier en montrant sa plaque d'officier. J'ai quelques questions à vous poser.

— Soyez les bienvenus, vous êtes mes invités !

Les trois hommes pénétrèrent dans une petite pièce fraîche et s'assirent sur un tapis rouge. Alors qu'une femme leur servait du thé vert, le petit policier posa les questions d'usage : « Où étiez-vous la nuit dernière ? », « Avez-vous des témoins ? » L'homme répondit calmement : « Je dormais dans mon lit, comme toutes les nuits », « Ma femme est témoin. Voulez-vous lui parler ? »

Howard Carter le dévisageait en silence. Il paraissait honnête et droit. Difficile d'imaginer qu'il était un pilleur de tombes. Trente ans plus tôt, pourtant, la famille Abd el-Rassoul s'était tristement distinguée : un jour, d'authentiques figurines égyptiennes étaient apparues chez des antiquaires de Louxor. Il était évident que quelqu'un avait découvert quelque chose quelque part, et l'écoulait illégalement au compte-gouttes. L'inspecteur des Antiquités de l'époque avait essayé de remonter la filière. Il soupçonnait la famille Abd el-Rassoul, mais impossible d'en avoir la preuve. Après six années d'enquête et de pressions, l'un des frères avait fini par lâcher le morceau : ils avaient effectivement mis au jour une nouvelle tombe. Malheureusement, pillée une première fois dans l'Antiquité, elle contenait peu de choses, des momies et les objets écoulés chez les antiquaires.

— Montrez-moi où vous rangez vos chaussures ! ordonna soudain le petit policier.

Mohammed Abd el-Rassoul ne montra aucune surprise :

— Mes chaussures ? Si ça peut vous faire plaisir...

Les trois hommes se rendirent dans un débarras rempli d'habits, de nourriture et de vaisselle. Le petit policier compara les semelles des chaussures avec le dessin à l'échelle des traces retrouvées dans la tombe d'Aménophis II.

— Regardez celles-ci !

Carter prit la paire et la compara avec le dessin. Même taille, même forme. C'était elle, c'était lui.

— Fouillons la maison, ordonna le petit policier.

— De quel droit ?

— Vous êtes suspecté d'avoir violé la tombe d'Aménophis II.

L'homme caressa sa barbe grise et haussa les épaules :

— *Inch Allah !* Si ça peut vous faire plaisir !

Howard Carter connaissait d'avance l'issue de la fouille : si le suspect agissait ainsi, c'est qu'il avait caché son butin ailleurs. Tout en inspectant la maison, le jeune archéologue ne put s'empêcher de penser au vieux pilleur. D'une certaine manière, il l'admirait. Pas l'individu, mais sa vie, une vie à rechercher des trésors. Ce devait être autrement plus excitant que de boire du thé avec de vieilles Anglaises.

La fouille ne donna rien – évidemment –, mais le petit policier et l'archéologue restèrent sur leur conviction : ils tenaient leur voleur. Ses sandales et son passé le trahissaient. Sans doute avait-il ressoudé le cadenas pour avoir plus de temps avant la découverte du larcin. Peut-être même avait-il mis le gardien Abdel dans le coup en le payant... Mais, sans les bijoux, impossible de prouver quoi que ce soit. La justice enterrerait le dossier, faute de preuves.

Une vie à chercher des trésors.

En ressortant de la maison, le jeune archéologue n'avait que ça en tête : découvrir un trésor. Il se souvenait de l'immense joie ressentie trois ans plus tôt lorsque son cheval avait trébuché et qu'il avait découvert une sépulture. Ce n'était pourtant qu'une toute petite tombe, et qui plus est une tombe vide.

Découvrir un authentique trésor : voilà ce à quoi Howard Carter voulait consacrer sa vie.

Mais y avait-il encore des trésors enfouis ? Restait-il des tombes intactes à découvrir ? Un pharaon avait-il échappé, depuis 3 000 ans, à tous les pilleurs ?

CHAPITRE CINQ

La Vallée des Rois, vers 1325 av. J.-C.

*Horus a rejoint le Globe ! –
La momification – La demeure d'éternité*

Dès la nouvelle connue, hommes et femmes cessèrent leurs activités, se jetèrent à terre et se frappèrent la tête avec les mains. Des cris stridents et d'interminables plaintes s'élevèrent au-dessus des ministères, des palais, des marchés.
— Horus a rejoint le Globe !
— Quel malheur ! Quel âge avait-il ?
— Dix-huit ou dix-neuf ans.
— Quel grand malheur ! Et de quoi il est mort ?
— Un ami m'a dit qu'il était soudain tombé malade. Mais on m'a aussi parlé d'un coup derrière la tête pendant son sommeil...
— Quel immense malheur !

Au pied du lit du pharaon, prostrée et les yeux rougis, Ankhsentamon pleurait son mari. Le divin père Aÿ se tenait derrière elle, abattu lui aussi. Après Akhenaton et Smenkhkarê, Toutankhamon... Quelle malédiction ! Un roi si prometteur et un jeune homme si gentil.

Mais il fallait rester fort : le temps était désormais compté. Le défunt allait bientôt débuter un long voyage dans le monde des morts, un voyage au terme duquel, si tout se passait bien, il deviendrait immortel. Mais, pour cela, il avait besoin de plusieurs choses que les vivants devaient lui fournir : d'abord, d'un corps en bon état. Ensuite, de nourriture, d'armes et de tous les objets de la vie quotidienne indispensables à sa survie dans l'autre monde. Enfin, d'une tombe pour y placer le corps et les affaires.

« Soixante-dix jours de deuil avant l'enterrement, pensa le vieil Aÿ, ce sera court. Surtout pour la tombe. Impossible d'en creuser une en si peu de temps ! Il faudrait que je lui cède celle que j'ai commencé à me faire faire dans la Vallée des Rois. Elle pourra être finie à temps... »

Une dizaine de prêtres entra dans la chambre. Ils soulevèrent le corps du jeune roi, le déposèrent sur un brancard et, malgré les supplications éplorées de la reine, l'emportèrent dans la salle d'or. Là, le cadavre fut entièrement dévêtu et placé sur un lit surélevé. Tout autour, des tables recouvertes de scalpels, de marteaux, de crochets, de longues aiguilles, d'huiles sacrées et d'onguents parfumés.

Un embaumeur prit un long pic et l'enfonça dans une narine pour briser la cloison nasale. Il y inséra une fine cuillère et retira des petits morceaux de cerveau, jusqu'à ce que le crâne soit entièrement vide. Pendant ce temps, un autre technicien incisa le bas du ventre à l'aide d'une pierre d'Éthiopie. Il retira l'intestin, le foie, le cœur, les poumons et tous les viscères, et les plaça dans les quatre vases canopes prévus à cet effet. Puis il lava l'abdomen avec du vin de palme et le remplit d'aromates et de myrrhe.

Le cadavre, privé de tout ce qui pouvait pourrir, fut rasé et plongé dans du natron. Ce sel avait la propriété d'absorber l'eau. Après plusieurs semaines de ce traitement, le corps devint si sec qu'il ressembla à du bois. Les traits du visage de Toutankhamon, bien que creusés, étaient toujours reconnaissables : le jeune roi semblait apaisé, presque serein. Où son âme se promenait-elle en cet instant ?

Ce fut ensuite l'ultime étape de la momification : des embaumeurs prirent de fines bandelettes de lin et entourèrent chaque doigt de pied et de main, puis chaque membre, puis le corps tout entier. Des prêtres récitaient des prières et plaçaient sous les bandelettes des dizaines de bracelets, de pendentifs et d'images protectrices de vautours ou de cobras. La plupart étaient en or, un métal qui ne se corrompt pas et transmettrait son pouvoir d'éternité au corps du défunt. Ainsi protégé, il traverserait les millénaires, intact.

Le soixante-neuvième jour, veille des funérailles, les prêtres cousirent deux mains d'or sur la poitrine de la momie, l'une tenant le fouet royal, l'autre la crosse d'Osiris. Puis ils enfilèrent sur sa tête le magnifique masque d'or que les artisans venaient juste d'achever. Toutankhamon possédait désormais un corps incorruptible, support indispensable pour son voyage vers l'immortalité.

***

Ô vous, Esprits divins,
Vous qui traînez la Barque du Maître de l'Éternité,
Qui rapprochez le Ciel de la Région des Morts,
Oh ! Rapprochez mon Âme de mon Corps Glorieux !

Une foule immense s'était amassée le long du chemin qui menait du palais royal au temple funéraire – où une cérémonie rituelle avait eu lieu – puis du temple funéraire à la Vallée des Rois – où le défunt allait être enterré.

Le cortège avançait lentement. Des hauts dignitaires et des prêtres, chaussés de sandales blanches, tenaient une tige de papyrus à la main, symbole du domaine d'Hathor dans lequel Toutankhamon pénétrait. Des courtisans portaient ensuite le matériel indispensable au défunt pour son « voyage d'éternité ». Puis venait un groupe de femmes, des pleureuses professionnelles qui s'époumonaient bruyamment, et la reine Ankhsentamon qui sanglotait sincèrement. Enfin, posée sur un traîneau en forme de barque et tirée par des bœufs rouges, la momie du pharaon fermait la marche.

Ô toi, grande Âme, puissante et pleine de vigueur !
Me voici, j'arrive ! Je te contemple !
J'ai traversé les Portes de l'Au-Delà
Pour contempler Osiris, mon Père divin !

Le cortège remonta la vallée de calcaire blanc, dominée au fond par une montagne pointue comme une pyramide. Les prêtres veillèrent à ce que le mobilier funéraire soit rangé dans la tombe selon un ordre bien précis : ici, les trônes, les lits et les habits ; là, les chars, les lances et les arcs ; là, la vaisselle, les jarres de vin et les pains ; et dans cette pièce-ci, les vases canopes contenant les viscères.

Sur la plupart des objets, des hiéroglyphes étaient inscrits, toujours les mêmes : un soleil, un scarabée, trois traits verticaux et un demi-cercle. Le nom de couronnement de Toutankhamon. Le défunt en aurait besoin dans l'au-delà pour prouver aux dieux qu'il avait été pharaon. Sans son nom, il perdrait son identité et cesserait définitivement d'exister.

Que mon nom me soit rendu
Dans le grand Temple de l'Au-Delà !
Que je garde le souvenir de mon nom
Au milieu des murailles embrasées du Monde
                                        [Inférieur.

Les prêtres relevèrent la momie du traîneau et la tinrent debout sur ses jambes devant l'entrée de la tombe. Une eau purificatrice coula sur le masque d'or et le linceul. Le divin père Aÿ passa une couronne d'olivier et de bleuets autour du cou du mort, puis, à l'aide d'une hachette, lui ouvrit symboliquement les yeux et la bouche pour le ranimer. L'âme évadée du défunt pouvait désormais rejoindre son corps.

Salut, ô Prince de la Lumière,
Accorde à ma bouche les pouvoirs de la Parole,
Afin que, à l'heure où règnent la Nuit et les
                                            [Brouillards,
Je puisse diriger mon cœur.

Les prêtres accompagnèrent Toutankhamon dans sa dernière demeure. Ankhsentamon, terrassée de douleur, se jetait des poignées de sable sur la tête. La momie fut déposée dans un cercueil en or massif, placé dans un deuxième cercueil plus grand, lui-même placé dans un troisième cercueil, lui-même déposé dans un sarcophage en pierre.

Les vivants ressortirent de la tombe puis en bouchèrent l'entrée avec de la terre, pour la rendre invisible aux pilleurs.

À l'intérieur, Toutankhamon, dont le corps et l'âme étaient à nouveau réunis, débutait son long voyage dans l'au-delà. Il serait amené à conduire une barque dans le monde inférieur, à se métamorphoser en faucon d'or et en phénix royal, à lutter contre des démons à tête de crocodile et à traverser le ciel. Puis viendrait l'implacable pesée de l'âme. Anubis, le dieu à tête de chien, l'emmènerait dans une grande salle présidée par Osiris, Isis et Nephtys. Le cœur du mort serait alors placé sur le plateau d'une balance ; sur l'autre, la plume de Maât, déesse de la Vérité et de la Justice. Si le cœur était aussi léger que la plume, le pharaon deviendrait immortel. Sinon, la Grande Dévoreuse à tête de crocodile et corps de lion le déchiquetterait sans pitié et il mourrait définitivement.

Ô Maât ! Voilà que j'arrive devant toi !
J'apporte dans mon cœur la vérité et la justice
Car j'en ai arraché tout le mal.
Je n'ai pas fréquenté les méchants.
Je n'ai pas commis de crimes.
Je n'ai pas maltraité mes serviteurs.
Je n'ai pas volé le pain des dieux.
Je n'ai pas fait pleurer les hommes mes semblables.
Je suis pur ! Je suis pur ! Je suis pur ! Je suis pur !
Puisse aucun mal ne m'arriver dans cette région,
                                              [ô dieux !

CHAPITRE SIX

La Vallée des Rois, 1909-1922

À la recherche de Toutankhamon – L'introuvable tombe – Lord Carnarvon s'impatiente

Il ne fallut pas moins de neuf ans à Howard Carter pour découvrir le trésor qu'il recherchait.

Enfin, pas le trésor lui-même : le début de la piste qui, peut-être, le conduirait à un trésor.

Il s'agissait de deux petits objets trouvés par l'Américain Théodore Davis dans la Vallée des Rois. Deux objets à peine assez jolis pour être placés dans une vitrine : une tasse en faïence blanche mise au jour sous une pierre en 1905 et une feuille d'or retrouvée dans un petit caveau cinq ans plus tard.

Presque rien, donc, de minuscules fragments archéologiques, mais qui intéressèrent Carter au plus haut point. Car ces deux pièces, il le savait, faisaient partie d'un même puzzle. Un lien extraordinaire les unissait : des hiéroglyphes identiques gravés sur chacune – un soleil, un scarabée, trois traits verticaux et un demi-cercle.

Toutankhamon, le pharaon évoqué dix-sept ans plus tôt par Flinders Petrie, réapparaissait par petites touches à la surface du globe et dans la mémoire de l'égyptologue. D'infimes preuves de son existence avaient traversé les âges et resurgissaient près de 3 200 ans plus tard : il y avait eu la bague de Petrie, qui semblait indiquer une enfance dans la cité d'Aton, et maintenant les deux fragments découverts dans la Vallée des Rois. Le pharaon oublié y était-il enterré ?

Et si son trésor s'y trouvait toujours enfoui ?

Un matin de février 1910, peu après la découverte de la feuille d'or, Carter enfourcha son cheval et fonça vers l'échoppe de l'antiquaire Mohassib, excité et inquiet à la fois. Il était en retard.

Une demi-heure plus tard, il pénétra dans une caverne d'Ali Baba bourrée de statues, de papyrus et de vases plus beaux les uns que les autres – mais tous faux et destinés aux touristes.

— Lord Carnarvon est-il déjà arrivé ? demanda-t-il au vendeur.

— Oui, il est dans l'arrière-boutique.

Carter passa un rideau et entra dans une petite pièce à laquelle seuls les riches collectionneurs avaient accès. Au milieu, une table basse et quatre poufs en cuir, dont un était occupé.

— Asseyez-vous, dit l'homme assis. Je vous attendais !

Même sur un pouf, lord Carnarvon était l'élégance incarnée : à quarante et un ans, il était fin de corps et d'esprit, la tête droite, la moustache peignée et le col amidonné. Il choisissait toujours méticuleusement ses mots pour raconter avec humour et modestie ses périples sur les océans et son château en Angleterre, ou pour vous faire sentir que vous étiez en retard. En comparaison, Howard Carter, trente-trois ans, massif, légèrement voûté et taciturne, était un ours.

— Je vous ai demandé de venir pour vous montrer ceci, dit l'aristocrate en tendant une statuette en céramique bleue. Qu'en pensez-vous ?

L'archéologue l'observa longuement.

— C'est la lionne Sekhmet... Elle date du Nouvel Empire... D'après la forme du corps, de la 19e dynastie... Elle me paraît authentique. Vous voulez l'acheter ?

Lord Carnarvon sourit : il avait en effet très envie de se l'offrir. Carter la lui rendit et en profita pour lui tendre deux photographies en noir et blanc.

— Oui, eh bien ? s'étonna l'aristocrate. C'est une petite tasse sans grand charme et une feuille de métal. Est-ce à acheter ?

Lord Carnarvon n'était pas un professionnel de l'égyptologie. Il y était arrivé par accident, au sens propre du terme. Quelques années plus tôt, ce passionné de vitesse avait eu un grave accident d'automobile. Ses médecins lui avaient conseillé de passer l'hiver au chaud et au sec, pour ne pas rouiller. Il avait atterri en Égypte et, pour tuer le temps, avait entamé une collection d'antiquités. Il avait alors demandé conseil à Howard Carter. Plus tard, lorsqu'il avait entrepris des fouilles dans les environs de Thèbes, il avait embauché l'archéologue pour le seconder. Dans la pratique, Carnarvon donnait l'argent et, lorsqu'il venait en Égypte, se rendait sur le champ de fouilles une fleur à la boutonnière ; Carter faisait tout le reste.

— Non, ce n'est pas à vendre. Ce sont deux pièces découvertes par Théodore Davis dans la Vallée des Rois. Vous voyez ces hiéroglyphes ici... et là... C'est la signature de Toutankhamon.

— Toutankhamon, un pharaon ?

— Oui, un pharaon oublié qui n'a laissé son nom sur aucun temple, pas même sur la liste officielle des rois...

— A-t-il seulement existé ? Peut-être est-ce un roi légendaire, un mythe sans existence réelle...

— Non, je ne le crois pas.

— Alors pourquoi n'a-t-il pas laissé plus de traces ?

— Je l'ignore, mais cette tasse et cette feuille montrent qu'il a bel et bien existé. Et comme elles ont été découvertes dans la Vallée des Rois, c'est là qu'il doit être enterré. Or, à ce jour, ni sa tombe ni sa momie n'ont été retrouvées...

— Insinuez-vous que sa tombe a échappé aux pilleurs ?!

— Je dis juste qu'elle n'a pas été retrouvée.

Lord Carnarvon regarda à nouveau les photos. Il n'y voyait plus une tasse sans charme et une feuille de métal, mais la promesse de bijoux, de statuettes, d'or. De quoi agrandir considérablement sa collection : la coutume voulait en effet que le découvreur d'un trésor en conserve une moitié, l'autre allant à l'État égyptien.

— Pensez-vous que nous puissions entreprendre des fouilles dans la vallée ?

Carter était heureux de son coup : son patron avait été plus facile à convaincre qu'il ne l'avait craint.

— Bien sûr. Il faut commencer par faire une demande à l'inspecteur général des Antiquités. Une seule équipe a le droit de travailler dans la Vallée des Rois à la fois, et, pour l'instant, Théodore Davis possède ce droit. Mais dès qu'il y renoncera, nous pourrons lui succéder...

— Ce brave Davis se fait vieux, n'est-ce pas ?

Les yeux de lord Carnarvon brillaient comme les trésors qu'il avait en tête :

— Avez-vous une idée de l'endroit où pourrait se trouver la tombe ?

***

L'attente fut plus longue que prévue.

Bien plus longue : Théodore Davis poursuivit ses fouilles encore plusieurs années. Lui qui, de 1902 à 1910, avait mis au jour une trentaine de tombes et de cachettes dans la Vallée des Rois – malheureusement toutes pillées dans l'Antiquité – ne découvrit plus rien à partir de cette date. Mais il rechignait à céder la place. Qui sait ? peut-être était-il sur le point de faire la découverte du siècle. Il ne voulait pas avoir de regrets.

Howard Carter prit son mal en patience et continua à fouiller pour le compte de lord Carnarvon, découvrant dans la région de Thèbes plusieurs petites sépultures.

— La Vallée est vide, déclara le vieux Davis en 1914. Il n'y a plus aucune tombe de pharaon à découvrir. J'arrête.

Carter eut à peine le temps de se réjouir que la Première Guerre mondiale éclata ; Carnarvon mit alors en veilleuse ses activités archéologiques.

***

Un raclement dans la Vallée des Rois, le raclement caractéristique du métal contre la terre, suivi par l'entrechoquement des gravillons dans un panier.

1er décembre 1917 ; première pelletée.

C'était parti.

Howard Carter observa longuement la vallée, comme pour en prendre possession. Depuis le temps qu'il attendait ce moment... En cette heure matinale, la cime des montagnes, éclairée par le soleil levant, avait une couleur irréelle, ni tout à fait rose ni tout à fait orange, une teinte qui n'existe nulle part ailleurs, et n'a pas de nom.

L'Anglais scruta le bas de la vallée, encore dans l'ombre. L'entrée, encaissée, était bordée de falaises rocheuses et parfois abruptes. Elle s'élargissait ensuite et se divisait en plusieurs petites vallées latérales, comme les branches d'un arbre. Là, des collines caillouteuses et arrondies se mêlaient aux falaises. Un paysage grandiose qui abritait peut-être, du moins l'espérait-il, la tombe de Toutankhamon – une aiguille dans une meule de foin.

Un concert de raclements et d'entrechoquements s'élevait maintenant au-dessus de la vallée.

Carter jeta un œil à sa carte.

— Plus à gauche, Ahmed ! cria-t-il en arabe. Fais creuser tes hommes un peu plus à gauche, vers la tombe de Ramsès II !

Sur sa carte, l'Anglais avait représenté le plus précisément possible la vallée principale et les vallées latérales, les reliefs et l'emplacement de la soixantaine de tombes et de cachettes déjà mises au jour : Ramsès VI (ouverte depuis l'Antiquité), Séthi Ier (découverte par Giovanni Belzoni en 1817), Aménophis II (Victor Loret, 1898), Thoutmôsis Ier (Loret, 1899), Horemheb (Théodore Davis, 1908)... Il avait ensuite hachuré horizontalement les zones déjà fouillées avec certitude ; verticalement, celles qui avaient sans doute été inspectées, mais à une époque où l'on ne tenait pas de registres rigoureux.

Parmi les quelques zones restées blanches, il en avait choisi une, entre les tombes de Ramsès II,

Ramsès VI et Merenptah. Pourquoi celle-ci ? Car elle était proche de l'entrée de la vallée et, surtout, car il le sentait ainsi. Lord Carnarvon, resté en Angleterre, lui avait donné son accord pour creuser là. Il s'agissait d'un triangle de soixante-quinze mètres de côté, la largeur d'un terrain de football. Les précédents fouilleurs l'avaient utilisé comme dépotoir pour y rejeter des tonnes de gravats. Il fallait maintenant tout déblayer.

Un travail pharaonique.

Une cinquantaine d'hommes et de garçons, embauchés deux jours plus tôt dans les villages voisins, s'activaient dans la pointe est du triangle. Un premier groupe, armé de pelles et de pioches, remplissait des paniers de terre. Un second, les paniers sur la tête, allait les déverser plus loin.

— Un instant ! s'écria Carter.

Un jeune homme en djellaba beige, le front dégoulinant de sueur et de poussière, s'immobilisa la pelle en l'air. L'archéologue se pencha sur le panier. Il avait cru voir passer... Mais non... ce n'était rien, juste des cailloux effilés en calcaire blanc. Aucun tesson de poterie...

— C'est bon.

Le jeune homme en djellaba beige recommença à pelleter énergiquement.

Ce travail ressemblait plus à du terrassement grossier qu'à de l'archéologie fine, mais bon, il n'y avait rien d'autre à faire.

À midi, alors que la vallée était écrasée par les rayons du soleil, les bruits cessèrent brusquement, tous en même temps. Les ouvriers déroulèrent des petits tapis sur le sol et se mirent à prier en direction de La Mecque. C'était *al-dhouhr*, la prière musulmane de la mi-journée.

Vers 15 heures, les rayons du soleil redevinrent moins piquants. Les hommes reprirent leur ronde sans fin : les paniers d'osier partaient pleins de gravats, revenaient vides, repartaient pleins.

De temps en temps, des touristes endimanchés surgissaient à dos d'âne à l'entrée de la vallée. Ils observaient quelques instants les ouvriers empoussiérés, visitaient deux ou trois tombes, puis repartaient comme ils étaient venus, sans un mot.

À 18 heures, le soleil s'éclipsa derrière les montagnes, plongeant le fond de la vallée dans la pénombre. Le concert de raclements cessa définitivement. Le bilan de cette première journée – quelques mètres carrés déblayés – était plutôt encourageant. Certes, rien n'avait été découvert, mais ce n'était qu'un début.

L'équipe redescendit d'un pas léger vers les lumières des villages, abandonnant les morts à leurs ténèbres.

***

Les jours suivants se ressemblèrent, interminables comme la ronde des paniers d'osier.

Carter mit un terme à cette première saison de fouilles le 2 février 1918, un peu plus tôt que prévu en raison de la guerre qui s'éternisait en Europe. Normalement, les fouilles en Haute-Égypte duraient de décembre-janvier à mars-avril : au-delà, la chaleur étouffante – plus de 40 degrés à l'ombre – interdisait tout travail physique prolongé.

Pendant cette première saison, une petite partie du triangle avait été dégagée, avec pour unique découverte les restes de cabanes : sans doute celles utilisées par les ouvriers qui avaient creusé la tombe de Ramsès VI, il y a 3 000 ans. Rien de très excitant.

La deuxième saison, pendant l'hiver 1918-1919, ne fut guère plus fructueuse.

Lors de la troisième saison, alors que Carter commençait à désespérer de trouver quoi que ce soit, la chance lui sourit un instant. Au moment où lord Carnarvon et son épouse, lady Almina, revenaient en Égypte pour la première fois depuis la guerre, les ouvriers découvrirent dans la pointe ouest du triangle des jarres en albâtre datant de Ramsès II. Tout excitée, la comtesse insista pour les déterrer elle-même, de ses belles mains blanches et manucurées.

La quatrième saison, en 1920-1921, marqua la fin du déblaiement du triangle. À part les jarres et les cabanes, les terrassiers n'avaient rien trouvé. Lord Carnarvon avait dépensé des dizaines de milliers de livres égyptiennes pour des caillasses.

***

Où fouiller maintenant ?

Le projet de Carter pour la cinquième saison était de creuser sous les cabanes d'ouvriers, pour s'assurer qu'il n'y avait rien là. Mais, pour cela, il aurait fallu bloquer l'entrée de la tombe de Ramsès VI. Hors de question en pleine période touristique.

Alors, où fouiller ?

L'Anglais se résigna à déblayer une autre zone, du côté de la tombe de Touthmôsis III, avec 40 hommes et 120 garçons. Sans conviction ni résultat.

Mais qu'est-ce qui n'avait pas fonctionné ?

Souvent, avant de s'endormir, Carter reprenait son raisonnement point par point. Premièrement, les feuilles d'or et la tasse indiquaient un lien entre Toutankhamon et la vallée : il devait y être enterré, comme la majorité des pharaons de la 18e dynastie. Rien à redire là-dessus. Deuxièmement, la tombe n'avait pas encore été découverte : elle devait donc toujours y être. Rien à redire non plus. Troisièmement, le triangle à l'entrée de la vallée était la zone la plus probable.

Alors pourquoi n'y avait-il rien trouvé ?

La chasse au trésor tournait à la débâcle. Chaque jour, Carter craignait un peu plus l'arrivée d'une lettre en provenance d'Angleterre. Lord Carnarvon, il le savait, croyait de moins en moins à cette histoire de pharaon oublié. Bientôt, il ferait cesser ces fouilles aussi onéreuses qu'inutiles.

Et si Théodore Davis avait raison ?

Et si la Vallée des Rois avait révélé tous ses secrets ?

Mais même dans ses pires moments de doute, Howard Carter ne parvenait à s'y résoudre : il était convaincu qu'il restait une tombe à découvrir, et peut-être un trésor. Il ne pouvait se l'expliquer, c'était ainsi.

Certains matins, en montant dans la vallée, il songeait au cortège qui avait accompagné le roi à sa dernière demeure, il y a 3 200 ans. Le paysage n'avait pas dû beaucoup changer depuis cette époque. Les hauts dignitaires, les femmes en pleurs et les grands prêtres avaient vu les mêmes falaises que lui en cet instant. Ils avaient emprunté le même chemin, foulé les mêmes cailloux coupants.

Jusqu'où avaient-ils poursuivi leur marche ?

Parfois, l'archéologue s'imaginait en train de suivre le cortège et s'arrêter à l'endroit précis où les prêtres s'étaient arrêtés : devant la tombe de Toutankhamon.

L'Anglais finissait toujours sa marche devant son triangle de fouilles, où l'attendaient ses ouvriers.

— *Salam malecum*, chef ! Vous avez l'air soucieux ce matin. Quelque chose ne va pas ?

Oui, quelque chose n'allait pas.

Pourquoi n'avait-il rien trouvé ?

Où était Toutankhamon ?

Avait-il seulement existé ?

CHAPITRE SEPT

Thèbes, peu après le décès de Toutankhamon

La vengeance d'Horemheb – Mort pour la deuxième fois – Ce qu'il advint de la tombe

Le monde des vivants est parfois plus cruel que celui des morts.

Alors que Toutankhamon luttait pour sa survie dans le domaine des morts, combattant des démons et chevauchant des barques célestes, il ne pouvait se douter que, dans celui des vivants, il disparaîtrait une seconde fois.

Après sa mort, comme il ne laissait aucun enfant pour lui succéder, les grands prêtres nommèrent pharaon le divin père Aÿ. Mais celui-ci, passablement âgé, régna peu de temps. Et comme lui non plus n'avait aucun enfant pour lui succéder, les grands prêtres confièrent les rênes du Double-Pays au général Horemheb.

Avec son œil noir et ses épaules de taureau, le général était autoritaire : c'est lui qui faisait trancher le nez des fonctionnaires corrompus. Il était également rancunier : malgré les années, il n'avait jamais pardonné à Akhenaton d'avoir renié les anciens dieux. Devenu pharaon, il s'appliqua à effacer tout ce qui rappelait son prédécesseur. Il envoya ainsi des centaines d'ouvriers dans la cité d'Aton pour y détruire les maisons, briser les statues et démonter les temples. Les blocs de pierre furent transportés en bateau jusqu'à Thèbes pour y être utilisés à la construction de nouveaux monuments.

En quelques mois, il ne resta rien de la magnifique cité d'Aton, rien qu'un champ de caillasses aride et plat.

Mais la folie destructrice du nouveau pharaon ne s'arrêta pas là : il reprocha également à Toutankhamon de n'avoir pas assez dénoncé les erreurs d'Akhenaton et lui fit subir le même sort. Des scribes sculpteurs furent envoyés dans tous les temples bâtis par l'enfant-roi pour y buriner son nom et le remplacer par celui du général, comme s'il avait lui-même fait construire ces monuments.

C'est ainsi que, petit à petit, hiéroglyphe après hiéroglyphe, Horemheb fit disparaître son prédécesseur du mur des temples, de la liste officielle des pharaons et de la mémoire des Égyptiens.

Bientôt, il ne resta plus aucun signe, plus aucune trace du passage sur terre de Toutankhamon.

Comme s'il n'avait jamais existé.

***

Et comme un malheur n'arrive jamais seul, le sort s'acharna à nouveau, quelques années plus tard, sur le jeune pharaon. Par une nuit de pleine lune claire et fraîche, alors que l'attention des gardiens de la Vallée des Rois s'était un peu relâchée, des ombres furtives se faufilèrent jusqu'à sa tombe. Une oreille très attentive aurait alors perçu le bruit de la terre qu'on gratte, puis les coups sourds d'une masse contre la porte de pierre, puis le silence émerveillé des pilleurs découvrant le trésor de Toutankhamon.

SECONDE PARTIE

CHAPITRE PREMIER

Le château de Highclere, été 1922

*Retour au moment où tout aurait pu s'arrêter –
Carter abat ses cartes un peu vite – Gros coup de bluff*

Il s'était arrêté de pleuvoir.

Dans le parc du château de Highclere, deux jardiniers avaient fait leur apparition, poussant une brouette remplie de fleurs en pot.

Le front appuyé contre la vitre de la bibliothèque, Howard Carter les regardait sans les regarder, perdu dans le flot de ses pensées : sa jeunesse, Toutankhamon, la Vallée des Rois, les fouilles, l'introuvable trésor...

La porte s'ouvrit soudain et le majordome apparut dans l'embrasure :

— Lord Carnarvon va vous recevoir. Voulez-vous bien me suivre ?

L'archéologue vérifia discrètement qu'il n'avait pas laissé de traces de gras sur la vitre. De toute façon, une armée de femmes de ménage devait se tenir prête à effacer la moindre tache.

Il suivit le majordome dans le long couloir qui menait au bureau du comte.

L'heure de vérité avait sonné.

Lord Carnarvon allait lui annoncer qu'il avait dépensé trop d'argent pour des cailloux et qu'il arrêtait les frais. Pour l'aristocrate, l'archéologie était un amusement sympathique. Mais lorsqu'un amusement devient trop cher, il cesse d'être sympathique, alors on en change. Pour Carter, c'était un métier. Il y avait consacré sa vie. Il travaillait depuis trois décennies en Égypte et n'avait même pas eu le temps de se trouver une gentille petite femme. À quarante-huit ans, il était célibataire et sans enfants, avec pour seule compagnie des rois morts.

Les photos !

Tout en marchant, il coinça sa sacoche sous son menton, l'ouvrit d'une main et la fouilla de l'autre. Oui, elles étaient là, trois photos, les deux vieilles et la récente. Évidemment qu'elles étaient là : il l'avait vérifié cent fois depuis ce matin.

Le majordome frappa à une porte, attendit la réponse, ouvrit et annonça :

— Monsieur Howard Carter.

— Qu'il entre !

Lord Carnarvon, toujours aussi élégant en chemisette d'été – même en pyjama il devait l'être –, était assis à son bureau. Sur les boiseries derrière lui, des tableaux de ses ancêtres, de sa femme Almina, de leur fils Henry et de leur charmante fille Evelyn.

— Asseyez-vous, mon cher ! Comment allez-vous ?
— Bien, bien... répondit Carter.

Que répondre d'autre ? Que ça n'allait pas ?! Que dans cinq minutes il serait sans emploi ? Parfois, l'aristocrate l'énervait par son excès de manières. Parlait-il de la même façon à ses jardiniers et à ses bonnes ?

— Je voulais vous voir, poursuivit lord Carnarvon, pour que nous discutions de nos fouilles. Depuis cinq ans, vous avez fait un travail considérable. Mais il faut reconnaître que les résultats sont... comment dire ?... qu'ils se sont pas à la hauteur de votre excellent travail.

Le comte laissa passer une seconde, comme s'il attendait une réponse, mais Carter n'avait rien à dire.

— Je crois qu'il faut nous rendre à l'évidence : la Vallée des Rois n'a plus rien à nous offrir...

Howard Carter sortit les photos de sa sacoche et les posa sur la table :

— Je pense au contraire que...
— Ah ! La tasse et la feuille d'or. Je m'en souviens comme si c'était hier. Douze ans déjà ! Les clichés ont mal vieilli, n'est-ce pas ? Ils sont devenus tout jaunes...
— En fait, c'est la troisième photographie qui est intéressante. Si vous voulez bien y jeter un œil...

Carter la lui tendit :

— Je viens de la recevoir de Herbert Winlock, du Metropolitan Museum de New York. Une drôle d'histoire : il y a dix-sept ans, Théodore Davis a découvert des jarres dans la Vallée des Rois. Elles contenaient des fragments de poteries, des chiffons et autres débris sans intérêt. Il les a déposées dans sa maison puis les a oubliées. Deux ans plus tard, Winlock les a amenées à New York puis les a oubliées à son tour. Il vient juste de les rouvrir. Et c'est très intéressant : les chiffons en lin qu'on voit là sont imprégnés de natron, le sel utilisé pour la momification. Et ils sont marqués du sceau de Toutankhamon...

Lord Carnarvon eut un petit sourire ironique :

— Ah, ce vieux Toutankhamon, comment va-t-il ?

Carter se crispa sur son siège :

— Mais c'est une découverte importante ! Ça prouve que Toutankhamon a bien existé et qu'il est enterré dans la vallée. Pour la prochaine saison de fouilles, je vous propose donc de...

— Je vous arrête tout de suite, Howard... Je me suis mal fait comprendre : je suis convaincu qu'il n'y a plus rien à découvrir dans la vallée et je ne vois pas l'intérêt de poursuivre les fouilles. J'ai donc décidé de les arrêter. Il n'y aura pas de nouvelle saison.

Carter se voûta un peu plus. Il venait d'entendre ce que, depuis plusieurs mois déjà, il craignait par-dessus tout. Et comme un imbécile, il avait abattu sa meilleure carte d'entrée de jeu. Il avait montré la photographie et n'avait plus rien à donner.

— Mais tout indique que Toutankhamon est enterré dans la vallée ! Et je pense que sa tombe n'a pas été pillée... Laissez-moi encore une saison, une dernière saison de fouilles. Si je ne trouve rien, alors d'accord, on arrête tout. Mais j'aimerais poursuivre juste une saison, s'il vous plaît...

C'était humiliant : il était obligé de quémander comme un mendiant devant un riche.

— Désolé, Howard !

Et la réponse était plus humiliante encore.

— Mais j'ai un plan, insista-t-il. Je voudrais fouiller sous les cabanes des ouvriers de Ramsès VI. Si l'on commence le travail assez tôt, ça ne gênera pas les touristes.

Lord Carnarvon fit rouler le bout de sa moustache entre son pouce et son index :

— Désolé, Howard, je ne crois plus à cette histoire de Toutankhamon...

— S'il vous plaît, une dernière chance... on pourrait... si ça vous coûte tant, on pourrait... voilà ce qu'on pourrait faire : vous conservez votre droit de fouille dans la Vallée des Rois encore un an. Sur le terrain, c'est moi qui paierai tout, les ouvriers, le matériel, tout. Et si je trouve quelque chose, c'est pour vous ! Qu'en pensez-vous ?...

L'archéologue s'étonna lui-même de sa proposition : il n'avait pas un sou ! Comment aurait-il pu payer les ouvriers ?

Lord Carnarvon, qui connaissait la situation financière de son employé, le regarda avec surprise. Quel entêtement insensé !

— Non, Howard, je refuse que vous payiez cette année de fouilles supplémentaire.

Le rêve s'envolait à jamais. Toutankhamon, le trésor, tout était fini.

— Vous ne paierez rien, continua le comte. Je vous autorise à fouiller encore une année, mais c'est moi qui paierai tout. Je vous offre une ultime année de fouilles.

CHAPITRE DEUX

Ultime saison de fouilles – « On a trouvé quelque chose ! » – Mais où mènent ces marches ?

C'était un canari jaune.

L'archéologue l'avait acheté à Londres juste avant de regagner l'Égypte : un joyeux oiseau qui chantait dès le lever du soleil et se taisait lorsqu'on recouvrait sa cage d'un drap.

Depuis son enfance, Carter vouait une véritable passion aux animaux. Il adorait les observer dans la nature, connaître leur mode de vie et, bien sûr, les dessiner. En fait, il préférait souvent leur compagnie à celle des hommes. Malheureusement, depuis qu'il vivait en Égypte, il n'avait guère eu de chance avec eux : ses chiens, ses chevaux, ses ânes et sa gazelle étaient morts plus vite qu'ils n'auraient dû, d'accident et de maladie. Peut-être un oiseau résisterait-il mieux ?

Fin septembre 1922, le canari prit le train à Londres et rejoignit le port de Douvres. Il traversa ensuite la Manche en bateau jusqu'au port français de Calais. Un autre train le conduisit à Paris puis à Marseille.

Le jeudi 5 octobre, l'oiseau et son maître embarquèrent sur un paquebot à destination du port égyptien d'Alexandrie. Le 11 octobre, ils arrivèrent dans la gare centrale du Caire : l'archéologue passa deux semaines dans la capitale pour y faire la tournée des antiquaires et trouver de jolis objets pour son patron. De la ville, le canari voyageur ne vit qu'une chambre d'hôtel.

Le 27 octobre, l'archéologue et son compagnon jaune prirent le chemin de fer qui longeait le Nil et, le 28 octobre, descendirent sur le quai de la gare de Louxor.

— *Salam malecum*, monsieur Carter. Oh ! mais qu'apportez-vous là ?

Le vieux serviteur qui, depuis dix ans, travaillait pour Howard Carter ouvrit des yeux immenses. Il n'avait jamais rien vu de tel :

— Mais c'est... un oiseau d'or. Sûr qu'il va vous porter chance !

***

Dans sa cage à l'abri du soleil et du vent, le canari chantait depuis l'aube.

— La dernière année, répéta Ahmed Gerigar comme pour s'en convaincre.

— Oui, la dernière.

Ahmed Gerigar, surnommé le raïs, le « chef », par ses compatriotes, était le bras droit de Carter sur le terrain de fouilles. Pas très grand mais très costaud, il n'avait pas son pareil pour diriger une équipe d'ouvriers. Un excellent contremaître.

— Et le château ? Vous devrez le rendre ?

Le « château » était le surnom de la maison habitée par l'Anglais depuis onze ans. Située sur une petite colline désertique, au nord-est de l'entrée de la Vallée des Rois, elle était carrée, haute d'un étage et surmontée d'un toit plat. Toutes les pièces s'articulaient autour d'un hall central recouvert d'un dôme. Une maison de style égyptien, chaude l'hiver et fraîche l'été, dont Carter avait lui-même dessiné le plan.

— Je ne sais pas. Je n'en ai pas encore discuté avec lord Carnarvon. Il m'a aidé à la construire mais je ne sais pas ce qu'il décidera. Et de toute façon...

Carter haussa les épaules et lança un sourire un peu forcé :

— De toute façon, nous allons trouver la tombe, n'est-ce pas ? Bon, je t'explique mon programme...

Le vieux serviteur arriva avec deux verres de jus d'orange et les posa sur la table de jardin.

— Merci... Pour cette dernière année, nous allons déblayer les baraques des ouvriers.

— Devant la tombe de Ramsès VI ?

— Oui. Comme Ramsès VI est mort deux cents ans après Toutankhamon, les ouvriers qui ont creusé sa tombe ont peut-être, sans le savoir, construit leurs abris au-dessus de celle de Toutankhamon. Ils auraient ainsi, bien involontairement, contribué à en dissimuler l'entrée... Pour en avoir le cœur net, il faut enlever les restes des baraques. Et pour ne pas gêner les touristes, il faut commencer les travaux le plus vite possible. Nous sommes le 29 octobre. De combien de temps as-tu besoin pour embaucher une équipe de soixante hommes ?

— Deux jours.

— Deux jours, ça nous fait donc un début des travaux le 1er novembre. Parfait... Ahmed, je bois à notre dernière année de travail !

Il leva son verre de jus d'orange et l'avala d'un trait.

***

Le samedi 4 novembre 1922, Howard Carter se réveilla plus tard que d'habitude. Malgré la nuit de sommeil, il se sentait fatigué.

Les fouilles avaient repris depuis trois jours, mais il avait du mal à se motiver. Les années précédentes, il débutait la saison plein d'entrain et d'espoir. Là, il sentait la fin si proche qu'il ne pouvait s'empêcher d'y penser. Son avenir le préoccupait davantage que les recherches en cours. Il voulait juste achever le déblaiement du triangle afin de quitter la Vallée des Rois en paix, avec la conscience du travail accompli.

À 9 h 30, il enfourcha son cheval et remonta le chemin qui menait à la vallée. Depuis cinq ans, il l'avait parcouru des centaines de fois, peut-être des milliers, et en connaissait chaque recoin par cœur. Il aurait pu dessiner la vallée de tête sans oublier la moindre colline ou falaise, le moindre éboulement de cailloux... Quel formidable bilan ! Cinq années de travail pour devenir un chien savant capable de dessiner un paysage les yeux fermés. Bravo. C'était merveilleux.

Pas vraiment le destin dont il avait rêvé plus jeune. Toutankhamon, la tombe, l'excitation de la découverte, peut-être un trésor... Il n'avait rien connu de tout cela. À quarante-huit ans, sa vie se résumait à des tonnes de cailloux déplacés et à la compagnie d'un canari. C'était bien triste.

Howard Carter remonta au petit trot le chemin qu'avait emprunté, 3 200 ans plus tôt, le cortège funéraire de Toutankhamon et s'arrêta, comme toujours, devant son triangle de fouilles.

Les ouvriers travaillaient depuis l'aube.

Non, ils ne travaillaient pas.

Il n'y avait aucun bruit, aucun raclement métallique.

Un silence de mort.

Les hommes étaient bien là, mais assis par terre à attendre.

Le raïs Ahmed connaissait pourtant les instructions pour la journée. Pourquoi ne les faisait-il pas travailler ? Une grève ?

— Eh bien, Ahmed, que se passe-t-il ?
— On a trouvé quelque chose.

***

Par terre, au milieu d'anonymes petits cailloux blancs et difformes, une arête de pierre de cinquante centimètres de long apparaissait, bien droite. D'un côté, une surface plane horizontale, de l'autre une surface plane verticale qui s'enfonçait dans le sol. Le fruit d'un travail humain.

Le cœur battant, Howard Carter s'accroupit et balaya les petits cailloux. La pierre angulaire se prolongeait de part et d'autre et refusait de bouger. Ce n'était pas un bloc de calcaire oublié là : il était taillé directement dans le sous-sol rocheux.

L'archéologue prit une pelle et, fébrilement, dégagea le pan vertical qui s'enfonçait dans le sol. Après avoir creusé sur une profondeur de vingt centimètres, la pelle racla contre une seconde surface horizontale.

C'était une marche d'escalier.

Il n'osait y croire : à quatre mètres en contrebas de la tombe de Ramsès VI, sous la première hutte déblayée, un escalier s'enfonçait dans le sol.

— Toi, toi et toi... et toi aussi, dit-il très excité, venez, on va dégager les marches !

Toute la matinée, les hommes ne virent pas les heures passer. Oubliée la lassitude du matin ! Mais attention de ne pas s'emballer trop vite. Pour l'instant, ce n'était pas encore une tombe : juste deux marches d'escalier. Enfin, trois. Et bientôt quatre.

Dans l'après-midi, le travail acharné se poursuivit – cinq, six, sept marches... –, interrompu seulement par le coucher du soleil.

Le soir, Howard Carter eut beaucoup de mal à trouver le sommeil. Qu'avait-il découvert ? Était-ce ?... Non, il était trop tôt pour y penser.

Un souvenir cruel lui revenait à l'esprit : vingt-quatre ans plus tôt, lorsqu'il avait découvert la tombe d'un noble à la suite d'un faux pas de son cheval, il avait perdu son sang-froid et l'avait chèrement payé. Trop optimiste, il avait prévenu lord Cromer, le consul général de Grande-Bretagne en Égypte. Le dignitaire avait alors tenu à être présent pour l'ouverture de la chambre funéraire. Lors d'une cérémonie en grande pompe, Carter avait brisé la porte en pierre et découvert, pour tout trésor, trois misérables maquettes de bateaux en bois et quelques poteries. Une tombe pillée, voilà sa grande découverte ! Et pour couronner le tout, le consul général avait assisté à sa débâcle...

Surtout ne pas s'emballer.

Le lendemain à l'aube, le travail reprit avec ferveur.

Huit, neuf, dix marches...

L'escalier, large d'un mètre soixante, s'enfonçait profondément dans le sous-sol rocheux.

Onze, douze marches...

Ce n'est qu'en toute fin d'après-midi, alors que le soleil se couchait, qu'apparut la partie haute d'une porte, formée de pierres brutes recouvertes de plâtre.

Cette fois c'était sûr, il s'agissait d'une tombe.

Et comme la porte était encore fermée, elle n'avait pas été pillée. Une tombe intacte.

Howard Carter eut envie de crier sa joie mais – chat échaudé craignant l'eau froide – il se retint.

À la lueur de sa lampe torche, il inspecta fébrilement la porte à la recherche d'un indice sur le propriétaire des lieux. Rien de ce côté-ci... Ni de celui-là... Et là, ah ! un dessin en relief : le chien Anubis dominant les neuf ennemis d'Égypte. Le sceau de la nécropole royale. C'était la tombe d'un personnage de très haut rang.

Peut-être un roi, mais ce n'était pas sûr : l'escalier était beaucoup plus étroit que ceux des autres tombes royales. Un noble ? Pourquoi pas : dans l'Antiquité, le pharaon autorisait parfois les dignitaires méritants à se faire creuser une sépulture dans la vallée, mais elle devait rester modeste.

À la lueur de sa lampe électrique, l'Anglais balaya la porte et remarqua, en haut à gauche, un endroit où le plâtre était écaillé. Il y creusa un trou juste assez grand pour introduire la lampe et y jeta un œil : de l'autre côté, le couloir se prolongeait, rempli de gravats du sol au plafond. Visiblement, on avait apporté beaucoup de soin à protéger cette tombe contre les pilleurs.

Elle devait contenir un important trésor et abriter un personnage de tout premier plan. Peut-être même un roi ?

Carter mourait d'envie de briser la porte et de déblayer le couloir, pour savoir ce qu'il y avait dans la tombe et à qui elle appartenait. Mais il devait attendre l'arrivée de lord Carnarvon : l'aristocrate avait dépensé tellement d'argent pour ces fouilles, il était normal qu'il soit présent à l'ouverture.

Il inspecta une dernière fois le haut de la porte à la recherche d'un indice sur le propriétaire de la tombe, puis, à contrecœur, fit remblayer l'escalier. Il demanda au plus honnête de ses ouvriers de monter la garde pendant la nuit puis redescendit vers sa maison.

Comme la veille, il peina à trouver le sommeil. L'excitation. L'excitation de la découverte. Il en était maintenant sûr : il avait trouvé une tombe intacte. Peut-être celle d'un roi. Peut-être celle de... de celui dont il n'osait encore prononcer le nom, par superstition. Ce serait fabuleux.

La vie était étrange : cinq années à ne rien trouver puis, en trois jours seulement, une vraie découverte.

Le lundi 6 novembre 1922 au matin, les yeux rougis de fatigue mais le pas léger, Howard Carter se rendit au bureau de poste de Louxor pour y télégraphier en Angleterre le message suivant à lord Carnarvon :

« Merveilleuse découverte dans la vallée. Tombe superbe avec sceaux intacts. Attends votre arrivée pour ouvrir. Félicitations. »

CHAPITRE TROIS

*Le sceau de Toutankhamon – On creuse –
Carter comprend la terrible réalité*

« Vous souvenez-vous de moi ? Nous nous sommes rencontrés au Winter Palace il y a plus de vingt ans, alors que vous étiez inspecteur des Antiquités. Je passe quelques jours à Louxor et viens d'apprendre que vous aviez découvert une tombe. J'ai quelques difficultés à marcher, mais je me tiens à votre disposition au cas où vous auriez besoin de quelqu'un pour vos fouilles. »

Debout sur le seuil de sa maison, Howard Carter essayait de décrypter la signature de la lettre qu'il tenait à la main : des hiéroglyphes du genre « Bistie », « Tristie » ou « Christie ». Il se gratta la tête, fouillant dans ses souvenirs, lorsqu'une image lui revint comme un éclair : un petit doigt levé. La vieille Anglaise ! Quel âge pouvait-elle avoir maintenant ? Quatre-vingts ans ? En tout cas, elle était persévérante...

Depuis deux jours, le chemin de terre qui menait au « château » s'était transformé en boulevard. La nouvelle de la découverte s'était répandue de Louxor au Caire – Dieu sait comment les gens l'avaient su – et les coursiers se succédaient pour apporter des messages de félicitations, des propositions d'aide plus ou moins farfelues, un mot de l'inspecteur des Antiquités demandant la date de l'ouverture, ou encore la lettre de réponse d'Arthur Callender. Carter avait demandé à cet ingénieur anglais à la retraite, qui vivait dans une ferme au sud de Louxor, s'il accepterait de s'occuper des problèmes techniques lors de l'ouverture de la tombe – il avait accepté.

Le 8 novembre, le garçon de course du bureau de poste fit deux fois le long trajet jusqu'à la maison. La première fois, le front luisant de sueur, pour apporter un message de lord Carnarvon disant : « Tentons de venir le plus vite possible. » Et plus tard dans l'après-midi, suant cette fois à grosses gouttes, pour remettre un second télégramme : « Arrivons à Alexandrie le 20 novembre. »

Douze jours. Encore douze jours d'attente. Douze jours à rêver au contenu de la sépulture. Comme aucun archéologue n'avait jamais découvert de tombe royale intacte, personne ne savait ce qu'elle pouvait contenir et Carter pouvait tout imaginer : des bijoux fabuleux, des statues en or, des trônes et des couronnes incrustées de pierres...

Paradoxalement, cette longue attente lui procura du plaisir, un plaisir un peu masochiste, comme celui d'un enfant les jours précédant Noël, quand il sait qu'il recevra un beau cadeau, qu'il a très envie de l'ouvrir rapidement, mais pas trop quand même pour faire durer encore la surprise.

Dans la nuit du 18 novembre, Carter se rendit au Caire pour y faire des achats et accueillir lord Carnarvon. Mais le navire en provenance d'Europe avait pris du retard et l'archéologue s'en retourna seul.

Le comte et l'adorable lady Evelyn, sa fille de vingt et un ans, arrivèrent finalement à Louxor le 23 novembre 1922.

L'heure était venue d'ouvrir la tombe.

***

— Venez voir !

Howard Carter et lord Carnarvon levèrent la tête. Adossés au muret qui entourait la sépulture de Ramsès VI, ils discutaient depuis plus d'une heure en changeant de place tous les quarts d'heure pour rester à l'ombre. Au début, ils avaient surveillé de près le déblaiement de l'escalier, puis ils s'étaient assis et le surveillaient maintenant de loin. L'aristocrate parlait de sa collection d'antiquités qui allait bientôt s'agrandir ; l'archéologue écoutait poliment et hochait parfois la tête. En pensée, il était déjà à l'intérieur de la tombe.

— Venez voir, des hiéroglyphes !

Les deux hommes se précipitèrent vers l'escalier. Il était maintenant entièrement dégagé et comptait en tout seize marches. Accroupi en bas, l'ingénieur Arthur Callender inspectait la partie basse de la porte plâtrée. Carter et Carnarvon le rejoignirent.

— Là !

Là, un second sceau, en meilleur état que le premier, montrait à nouveau Anubis et les neuf ennemis de l'Égypte. Mais celui-ci était accompagné de hiéroglyphes. Carter les épousseta du revers de la main et sentit son cœur s'accélérer brusquement. Un soleil, un scarabée, trois traits verticaux, un demi-cercle.

— C'est lui, susurra-t-il.

Il en avait la tête qui tournait. La tombe de Toutankhamon ! Après tant d'efforts, il l'avait finalement découverte. Un soleil, un scarabée, trois traits verticaux, un demi-cercle. Pas de doute. Et elle était intacte !

Il se tourna vers l'aristocrate. « Vous voyez, faillit-il lui dire, j'avais raison d'insister. » Mais il garda le silence : il ne voulait pas gâcher ce moment de bonheur en rappelant à son patron ses erreurs.

Il se releva et recula d'un pas. Pour la première fois, il observait la porte dans son intégralité. Elle était de fabrication étrange : le plâtre qui la recouvrait n'était pas uniforme. Dans la partie basse, là où apparaissait le nom de Toutankhamon, il était intact.

Dans la partie supérieure gauche, il semblait avoir été refait. Comme si cette partie avait été ouverte puis refermée.

L'archéologue sentit son sang se glacer.

Ouverte puis refermée.

Ses jambes flageolaient.

Des voleurs.

L'histoire se reproduisait, impitoyable.

Il avait découvert une tombe pillée.

— C'est formidable, lança lord Carnarvon, qui n'avait pas encore compris. Nous avons découvert la tombe intacte de Toutankhamon. Vous aviez raison, Howard. Toutes mes félicitations !

Carter le regarda, blême et silencieux.

***

Toute la nuit, il essaya de se persuader que la sépulture n'avait pas été entièrement vidée. Sinon, pourquoi se serait-on donné la peine de la refermer ? Hein, pourquoi ? Les voleurs, dérangés durant leur besogne par les gardiens de la vallée, avaient peut-être pris la fuite sans rien emporter... Et puisque les huttes des ouvriers de Ramsès VI cachaient l'escalier, cela signifiait que personne n'était entré dans la tombe depuis au moins 3 000 ans. Alors ?...

Mais il ne croyait pas lui-même à ses propres arguments. La réalité était plus simple : il avait découvert une tombe pillée.

Le lendemain, samedi 25 novembre 1922, l'équipe prit l'empreinte des sceaux, les photographia, puis enleva une à une les pierres couvertes de plâtre qui servaient de porte. Derrière, le couloir se poursuivait en pente douce. Aussi large que l'escalier, il faisait deux mètres de haut et, comme l'archéologue l'avait déjà entrevu par le trou, il était bouché du sol au plafond par de la terre et des cailloux blancs – sauf dans le coin supérieur gauche, où les cailloux étaient sombres.

Un tunnel irrégulier avait été creusé là puis rebouché.

Le passage emprunté par les voleurs.

Howard Carter sentit son estomac se nouer.

Et les brigands n'avaient pas travaillé pour rien : parmi les gravats qui obturaient le passage, les fouilleurs découvrirent des fragments de poterie, de jarres en albâtre ou de vases peints ; des objets cassés et abandonnés par les pilleurs.

En fin d'après-midi, à l'arrêt du travail, sept mètres de couloir avaient été déblayés sans qu'on en voie la fin.

Personne n'aurait pu dire où il menait, mais Carter le savait déjà : à un désastre.

***

Le 26 novembre, le déblaiement se poursuivit toute la journée. Un travail long et fastidieux : dans ce tunnel étroit, obscur et envahi par la poussière, la ronde des paniers d'osier était lente.

Et pour compliquer le tout, il fallait faire attention aux petits objets retrouvés parmi les gravats : lorsqu'un bout de poterie ou de vase était mis au jour, il fallait le déterrer délicatement, le numéroter, le décrire sur un registre en précisant le lieu de sa découverte, puis le mettre dans une caisse.

Un an plus tôt, alors que les fouilles s'enlisaient lamentablement, ces fragments auraient suffi à faire le bonheur de Carter et de son patron. Mais là, ils retardaient un peu plus l'ouverture et constituaient de nouvelles preuves du passage des pilleurs – et de l'échec à venir.

En milieu d'après-midi, à dix mètres de la première porte, un linteau apparut derrière les gravats, sous le plafond.

Une porte, ou plus exactement sa partie la plus haute, fut dégagée. Lentement, désespérément lentement, les gravats qui l'encombraient furent enlevés, panier après panier. La partie visible de la porte s'agrandit, d'abord le quart supérieur, puis la moitié supérieure, puis les trois quarts.

En fin d'après-midi, elle était entièrement déblayée.

Elle ressemblait comme une goutte d'eau à la première. Elle aussi était scellée et elle aussi avait été forcée : en haut à gauche, le plâtre était abîmé.

Howard Carter tapota sur le revêtement. À certains endroits, ça sonnait creux.

— On perce un petit trou pour voir ?

— Bien sûr, répondit lord Carnarvon. Je vais chercher Evelyn. Elle est dehors...

L'archéologue prit une barre de fer et, les mains tremblantes d'émotion, fit sauter le plâtre. Il inséra la barre entre deux pierres, tapa dessus avec une masse, la fit tourner, tapa encore. La barre s'enfonça, centimètre par centimètre, puis pénétra d'un seul coup : elle avait traversé la porte et, de l'autre côté, n'avait rencontré que du vide.

Le moment tant attendu et tant redouté était arrivé. Ils allaient savoir.

Carter se retourna : lord Carnarvon et lady Evelyn étaient là, ainsi qu'Arthur Callender. Leurs visages, faiblement éclairés par l'ampoule électrique, étaient marqués par l'inquiétude.

— Callender, avez-vous une bougie ?

— Oui, dans ma boîte à outils. Et des allumettes. Tenez !...

L'archéologue l'alluma, retira la barre de fer de la porte et plaça la bougie devant le trou pour vérifier qu'aucune émanation dangereuse ne s'en échappait. La flamme vacilla, mais pas d'explosion.

Carter réinséra la barre dans la porte, la fit tourner sur elle-même pour élargir le trou puis l'enleva.

— Je jette un œil.

Il plaça la bougie devant l'ouverture et regarda de l'autre côté de la porte. Au début, il ne vit rien : la flamme clignotait, soufflée par l'air chaud qui s'échappait de la chambre. Puis ses yeux s'habituèrent à l'obscurité et il aperçut des formes étranges.

Combien de temps resta-t-il ainsi à observer l'intérieur de la tombe ? Une minute, deux peut-être ? Mais pour ses compagnons, elles parurent une éternité.

N'en pouvant plus, lord Carnarvon finit par demander :

— Vous voyez quelque chose ?

L'archéologue resta d'abord silencieux puis, la gorge nouée et d'une voix tremblante, ne trouva rien d'autre à répondre que :

— Oui... des merveilles !

CHAPITRE QUATRE

*L'entrée dans la tombe – Un trône, des coffrets et... –
... une mystérieuse porte*

C'était une émotion incroyable.

Tous les archéologues connaissent sans doute ce sentiment de respect, presque de gêne, au moment d'entrevoir pour la première fois l'intérieur d'une tombe fermée depuis des siècles. C'est comme si le temps n'existait plus. La dernière fois qu'un homme a foulé ce sol, c'était il y a 3 000 ans, peut-être plus. Pourtant, les traces de doigts sur le mur, la guirlande de fleurs déposée devant la porte, le bol de ciment à moitié rempli semblent dater de la veille. L'air qu'on respire n'a pas changé depuis trois millénaires : les grands prêtres, au moment de ranger le mobilier funéraire, ont respiré le même. Pour un peu, on s'attendrait à voir un homme vêtu d'un pagne de lin plissé surgir d'un recoin. Et l'on se sent presque de trop...

— Vous voyez quelque chose ?

À la lueur de sa bougie, Howard Carter voyait plein de choses, une multitude d'objets, certains connus et d'autres encore jamais vus, une profusion que, même dans ses rêves les plus fous, il n'aurait imaginée.

— Oui, répondit-il d'une voix tremblante, des merveilles !

Il décolla son œil de la porte, prit la barre de fer et élargit le trou pour que lord Carnarvon et lui puissent regarder en même temps.

Les deux hommes, tête contre tête, observèrent longuement l'intérieur de la chambre.

La pièce rectangulaire devait faire trois mètres et demi de profondeur sur huit de large. Au fond, contre un mur blanc, trois grands lits dorés alignés. Les montants représentaient des animaux fantastiques au corps étiré et à la tête terrifiante : un hippopotame, une vache sacrée et un lion.

Au-dessus et en dessous des lits, des dizaines d'objets empilés, des chaises sculptées, un magnifique trône étincelant d'or et d'argent, des coffrets incrustés de pâtes de verre, une coupe en albâtre en forme de lotus, d'étranges boîtes en forme de cocon, et encore des coffres...

Contre le mur de droite, deux impressionnantes statues noires en bois se faisaient face, à deux mètres l'une de l'autre. Elles représentaient le roi grandeur nature, armé d'une massue et d'une longue canne, et semblaient monter la garde. Les pagnes, les couronnes, les bijoux et les armes étaient plaqués d'or.

Sur le sol, des paniers éventrés, des fragments de poterie, des vases, des bouts de tissu... Les pilleurs avaient fouillé, brisé, saccagé, mais, sans doute surpris par les gardiens, n'avaient visiblement pas emporté grand-chose. Une chance incroyable.

Juste à gauche de l'entrée, plusieurs chariots dorés et démontés étaient entassés en une pile confuse, les roues par-ci, les essieux par-là. Et au milieu de cet enchevêtrement, une petite statue du pharaon regardait vers la porte d'entrée...

Le pharaon.

Où était-il ?

Une constatation s'imposa soudain à Carter : il n'y avait ni sarcophage ni momie ! Ce n'était pas la tombe de Toutankhamon mais une simple cachette. Dans l'Antiquité, on creusait parfois de semblables caches pour y entreposer des objets funéraires. Par exemple, lorsqu'une tombe avait été pillée, ce qui n'avait pas été volé était enfoui ailleurs. C'est ce qu'ils avaient découvert. Et cela expliquait l'escalier si étroit.

L'archéologue, un peu déçu, ne le resta pas longtemps.

— Vous avez vu les sentinelles ? demanda lord Carnarvon, on dirait qu'elles veillent sur quelque chose, comme une porte dérobée.

Carter ne l'avait pas remarqué au premier coup d'œil, mais oui, l'aristocrate avait raison : le mur entre les deux statues noires n'était pas blanc mais couleur plâtre – la même couleur que les deux portes du couloir.

— Oui, il y a une porte murée... Sans doute un passage vers une autre chambre.

— C'est fabuleux, Howard, nous avons fait une découverte fabuleuse.

***

— Et le coffret peint, vous l'avez vu ?
— Non, lequel ?
— Le joli coffret devant les sentinelles.
— Non, je n'ai pas fait attention.
— Il est décoré avec beaucoup de finesse. Sur le couvercle bombé, il y a Toutankhamon sur son char chassant des lions. Et sur le petit côté, des sphinx écrasant des hommes...

— Ce doit être Toutankhamon en sphinx, dominant les neuf ennemis de l'Égypte, expliqua Carter.

— En tout cas, c'est magnifique !

Lady Evelyn leva la tête vers le ciel étoilé.

— Je me demande ce qu'il contient...

— Je vous le dirai lorsque je l'aurai ouvert. Je vous l'écrirai.

La nuit était fraîche mais personne ne semblait le ressentir. Alors que, là-haut dans la vallée, une équipe d'Égyptiens montait la garde devant la tombe, en bas, devant le « château », l'archéologue, l'ingénieur, l'aristocrate et sa fille étaient affalés dans des transats, comme assommés par leur découverte, anesthésiés par tant de beauté.

— Et le tabouret noir avec les étoiles, vous l'avez vu ?
— Non, je ne l'ai pas vu.

C'était étonnant : chacun avait remarqué des objets que les autres n'avaient pas vus.

— Dites-moi monsieur Carter, demanda Evelyn de sa voix douce, d'après vous, qu'y a-t-il derrière la porte scellée ?
— Sans doute d'autres pièces. Les tombes royales étaient souvent formées d'une succession de couloirs et de salles, la dernière contenant la momie.
— Avec un trésor dans chaque pièce ?
— Je ne sais pas.
— Croyez-vous que les voleurs sont entrés dans les autres salles ?
— Je l'ignore. La porte murée m'a paru intacte, mais je l'ai vue de trop loin pour en être sûr.

Jusqu'à une heure très avancée, les quatre compagnons imaginèrent une enfilade de chambres inviolées, de trésors plus fabuleux les uns que les autres, avec au bout, endormi depuis 3 300 ans dans son lit de pierre, Toutankhamon.

Cette nuit-là, ils ne dormirent pas beaucoup.

***

Le lendemain, lundi 27 novembre 1922, les travaux reprirent de bonne heure.

Arthur Callender tira des fils électriques depuis le générateur de la vallée jusqu'à la tombe de Toutankhamon. Bien éclairé par les ampoules, le travail dans le couloir en fut facilité. Howard Carter releva soigneusement l'empreinte du sceau, sous le regard bienveillant de lord Carnarvon.

Peu avant midi, lady Evelyn déboula dans le couloir :

— M. Effendi est là !

— Parfait, qu'il vienne.

La veille au soir, Carter avait prévenu Reginald Engelbach, l'inspecteur des Antiquités, de l'ouverture imminente de la tombe. Mais celui-ci, en voyage d'affaires, n'avait pu venir et avait envoyé son assistant, l'Égyptien Ibrahim Effendi.

Carter saisit une barre de fer recourbée à son extrémité et l'introduisit dans l'ouverture percée la veille. Il tourna la barre pour que le crochet agrippe l'une des pierres qui, collées par le ciment, formaient la porte. Il tira sèchement sur le crochet. Rien. Il recommença. Rien. Au troisième essai, la pierre bougea légèrement, comme une dent de lait se déchausse. Au sixième essai, elle se descella et bascula à l'intérieur du couloir.

— Attention les pieds !

Il recommença avec les autres pierres. Après un quart d'heure d'efforts, un trou était percé, assez large pour qu'un homme y passe.

Carter entra le premier dans l'antichambre et, pendant quelques secondes, y resta seul. Le trésor qu'il avait si longtemps recherché était là, à portée de main ; il aurait pu le toucher. Une sensation étrange l'envahit : il était dans la tombe et, en même temps, il avait l'impression d'évoluer dans son rêve de jeunesse. Présent et passé se rejoignaient, rêve et réalité. Un instant magique et émouvant.

Puis les autres entrèrent.

— On dirait que la porte est intacte, nota lord Carnarvon en faisant rouler sa fine moustache entre son pouce et son index.

L'archéologue, revenu soudain à lui, examina la porte dérobée. Oui, elle semblait intacte. Pas de trace d'effraction. Juste là, en bas, un endroit replâtré. Un trou rebouché mais rien de grave : quarante centimètres de diamètre, pas assez pour qu'un homme s'y faufile. Une goutte de sueur coula sur sa joue. Un homme non, mais un enfant...

— On casse la porte ? demanda-t-il pour se rassurer au plus vite.

— Non, vous ne pouvez pas !

Les regards se tournèrent vers Ibrahim Effendi. L'Égyptien se racla la gorge :

— Vous ne pouvez pas ! On ne sait pas ce qu'il y a derrière la porte : on ne peut donc pas l'abattre vers l'arrière. Et on ne peut pas non plus l'abattre vers l'avant car on risquerait d'abîmer les objets qui sont ici... Il faut d'abord répertorier tout ce qu'il y a dans l'antichambre, puis la vider.

Howard Carter mitrailla du regard l'inspecteur adjoint. Deux choses l'agaçaient profondément. D'abord, à cause de ce fonctionnaire tatillon, il allait devoir attendre plusieurs jours, voire plusieurs semaines, avant de savoir ce que cachait la porte. Mais surtout, ce qui l'énervait le plus, c'est que l'inspecteur adjoint avait entièrement raison : avant d'aller plus loin, il fallait d'abord s'occuper des objets de l'antichambre.

— Père, venez voir !

Lady Evelyn, à quatre pattes sur le sol, regardait sous le lit à tête d'hippopotame. Qu'avait-elle découvert ? Les pantoufles de Toutankhamon ?

L'archéologue se baissa et vit... un trou. Il y avait, derrière le lit, un trou percé dans le mur, une seconde porte dérobée, mais qui n'avait pas été rebouchée celle-là.

— Je vais voir, annonça Carter...

Il se glissa sous le lit et passa la tête par le trou. Le faisceau lumineux de sa torche balaya l'obscurité – première lueur depuis 3 000 ans. Cette pièce, deux fois plus petite que l'autre, était remplie, absolument remplie d'objets. C'en était incroyable. Des jarres à vin, des maquettes de bateaux, des paniers de nourriture, des lits, des tabourets en rotin, des statuettes en terre cuite, des vases en albâtre, pêle-mêle, dans un désordre indescriptible. Les pilleurs avaient tout chamboulé avec la délicatesse d'un tremblement de terre.

L'archéologue ressortit du trou de souris, abasourdi. Il commençait à réaliser l'ampleur de la tâche qui l'attendait. Il allait falloir dresser un plan précis avec la position de tous les objets, les photographier, les cataloguer, les emballer sans les abîmer puis les enlever.

Mais par où commencer ?

Personne n'avait jamais découvert de tombe intacte ; personne n'avait jamais trouvé un tel trésor ; personne ne connaissait la marche à suivre. Il faudrait tout inventer...

Il passa sa grosse main d'ours dans ses cheveux en bataille, le regard perdu entre les deux sentinelles noires. « Et encore, se dit-il, nous n'avons vu que la partie émergée de l'iceberg. Dieu sait ce que cache cette porte... »

CHAPITRE CINQ

Opération « sandale » –
Les fauves sont lâchés – On sauve les meubles

C'était une sandale droite couverte de perles, abandonnée sur le sol entre les deux lits de gauche. À ses côtés, un bâton en bois, une sandale gauche en cuir, deux fragments de bol en faïence.

Carter s'agenouilla, posa entre les objets un carton blanc avec le numéro 85, puis examina la sandale droite en prenant soin de ne pas y toucher, pour éviter une catastrophe.

Elle était magnifique : les perles de verre, cousues les unes contre les autres, formaient des figures géométriques colorées d'un grand raffinement. Les Égyptiens adoraient en couvrir certains bijoux et vêtements. Mais, pour les archéologues, c'était une source de soucis permanents : les fils qui retenaient les perles, rongés par l'humidité, s'étaient désagrégés avec le temps. Au moindre choc, la mosaïque se serait effritée et aurait disparu à tout jamais. Impossible de la toucher sans la détruire.

— Harry, pouvez-vous prendre un cliché du groupe d'objets 85 ?

— Bien chef !

Henry Burton, surnommé Harry, était le photographe de l'équipe formée par Carter pour vider l'antichambre. À quarante-trois ans, il vivait depuis plusieurs années en Égypte avec sa femme, la très snob Minnie Burton. Mais lui, Harry, était plutôt sympathique, il savait parfaitement photographier les pièces archéologiques et, surtout, il avait été mis à disposition gracieusement par le Metropolitan Museum – en échange de la promesse de quelques objets.

Burton fixa son appareil sur le trépied, dirigea le projecteur électrique vers le groupe 85, prépara ses plaques photographiques et prit plusieurs clichés à différentes distances et sous différents angles.

Tous les objets devaient être numérotés, répertoriés, dessinés et photographiés avant d'être déplacés. Leur position exacte dans la tombe était ainsi enregistrée : cela permettrait, plus tard, de comprendre comment les grands prêtres les avaient rangés et les voleurs dérangés. Dans les musées, il y a tant d'objets déracinés, dont on ignore où ils ont été trouvés et dans quelles circonstances...

Alors que Harry Burton finissait ses photographies, Howard Carter alluma le réchaud à gaz et plaça un bloc de paraffine dans une casserole. Après quelques secondes, la cire ramollit et fondit.

— Arthur, vous avez le pulvérisateur ?
— Heu... oui, le voici.

L'archéologue fit couler de la paraffine bouillante dans l'appareil et revint à la sandale emperlée. L'opération la plus délicate commençait : malgré la faim – il était presque midi – et la fatigue accumulée – l'équipe travaillait d'arrache-pied depuis plus d'un mois dans la tombe –, il ne fallait pas trembler.

Avec toute la délicatesse dont il était capable, Carter pulvérisa de la paraffine fondue sur la sandale, par-dessus, sur les côtés, derrière, en faisant attention de n'oublier aucun centimètre carré, aucune perle. Il reposa le pulvérisateur, attendit quelques secondes puis tapota du doigt sur la semelle. Les perles, prises dans une fine couche de cire durcie, ne bougèrent pas. Opération de sauvetage réussie.

La sandale fut placée dans une boîte avec tous les objets du groupe 85, puis la boîte fut déposée sur une civière où l'attendaient une autre boîte, un tabouret d'ébène et le coffre peint.

— Arthur, avez-vous d'autres choses à transporter pour aujourd'hui ?
— Non, répondit Callender, tout est là.
— Alors on y va !

L'archéologue s'accroupit à l'avant de la civière ; l'ingénieur à l'arrière.

— À trois, on soulève... Et une... et deux... et trois.
— Et ouvrez la cage aux fauves !

***

Dès qu'ils franchirent la lourde grille qui protégeait désormais l'entrée de la tombe, une clameur s'éleva dans la Vallée des Rois, un mélange d'exclamations, de cris, d'applaudissements, d'injonctions.

— Dépêche-toi, Mélanie, ils arrivent !

La Mélanie en question rangea prestement son tricot dans son sac et se précipita vers le muret construit autour de l'escalier. Un jeune homme referma son livre. Un autre ronflant, secoué par sa femme, émergea d'un profond sommeil. Depuis le temps qu'ils attendaient, ils commençaient à désespérer. Arrivés trois ou quatre heures plus tôt à dos d'âne ou en carriole à cheval, ils avaient d'abord attendu en silence, puis s'étaient assis à l'ombre du muret et avaient discuté, puis avaient sorti livres et tricots, et certains s'étaient endormis.

Mais leur patience était récompensée.

— Dépêche-toi, j't'e dis, tu vas tout rater !

Chaque jour, lorsqu'il sortait de la tombe avec le chargement de la journée aux environs de midi, midi trente, Howard Carter était surpris par cette clameur qui l'accueillait. Une foule de touristes l'attendait, l'entourait, observait le brancard, s'enthousiasmait devant les meubles décorés, s'interrogeait sur le contenu des boîtes.

L'annonce de la découverte de la tombe s'était répandue comme une traînée de poudre et avait fait le tour du monde en quelques jours : « Extraordinaire découverte archéologique à Louxor », « La tombe de Toutankhamon retrouvée », « Le fabuleux trésor du pharaon » avaient titré les journaux. Depuis, des centaines de touristes, attirés par le trésor et désireux d'oublier la guerre encore proche et ses millions de morts, affluaient d'Europe et des États-Unis pour s'offrir une part de rêve.

Ils étaient bruyants et envahissants, mais Howard Carter les aimait bien : ils étaient gentils.

Plus embêtantes étaient les demandes de visite de la tombe. L'Anglais en recevait plusieurs par jour en provenance d'amis, de cousins, de cousins d'amis ou d'amis de cousins, de parents éloignés de lord Carnarvon, de ministres égyptiens ou étrangers, de vice-ministres, de la secrétaire d'un vice-ministre, de collègues égyptologues ou de conservateurs de musées... Il en refusait beaucoup, en faisant attention de ne pas froisser les susceptibilités, mais devait en accepter certaines. C'était chaque fois une perte de temps et un danger : un faux pas d'un visiteur, et un objet risquait d'être définitivement détruit.

— Monsieur Carter... Monsieur Carter !

Alors qu'il remontait la vallée entouré de touristes, l'archéologue devina, sans même se retourner, qui l'interpellait. « Oh non, pas eux ! » se dit-il.

— S'il vous plaît ! Quelques minutes pour le *Petit Illustré* !

— Et pour le *New Yorker*...

Carter ne les regarda pas : il continua à marcher en fixant le sentier qui s'élevait vers la tombe de Séthi II. Encore quarante mètres jusqu'à la barrière. Vite, vite, mais pas trop, à cause du chargement. « De vrais moustiques, pensa-t-il. Ils ne lâchent jamais leur proie avant d'avoir obtenu ce qu'ils voulaient. Mais ils n'auront rien... »

— Monsieur Carter, une interview, s'il vous plaît ! Et une photographie devant la tombe ! Attendez une seconde !...

Les premiers journalistes étaient arrivés à Louxor juste après l'annonce de la découverte. Comme ils étaient très collants, lord Carnarvon avait voulu s'en débarrasser et, de retour à Highclere, avait vendu l'exclusivité des interviews au quotidien anglais *The Times*. Du coup, Carter n'avait plus le droit de parler aux autres reporters. Cela aurait dû lui faire gagner du temps, mais l'inverse s'était produit : devant son silence, les journalistes s'étaient montrés plus hargneux que jamais.

— On dit que vous avez déjà percé la porte de la chambre funéraire. Est-ce vrai ?... Et il paraît que lord Carnarvon a emporté plusieurs objets de la tombe en

Angleterre... Nos lecteurs veulent savoir, monsieur Carter !

Encore dix mètres.

Transpirant à cause du soleil et bouillonnant intérieurement à cause des journalistes, Carter atteignit la barrière. Des gardes égyptiens l'ouvrirent, le laissèrent passer ainsi que l'ingénieur, et retinrent la foule.

Enfin seuls.

— Dites donc, les fauves étaient chauds aujourd'hui, s'amusa Arthur Callender.

La remarque ne fit pas sourire Carter.

***

La tombe de Séthi II, entourée d'immenses falaises au pied desquelles les rayons du soleil ne parvenaient jamais, restait fraîche toute l'année. Un bonheur d'y pénétrer.

Une fois leurs yeux habitués à la pénombre, les deux hommes s'enfoncèrent dans l'interminable boyau qui descendait à plus de quatre-vingts mètres sous la montagne. Ils débouchèrent dans une pièce souterraine de huit mètres sur huit, bien éclairée et remplie de caisses, d'outils, de produits chimiques... Comme cette tombe était isolée à l'extrémité de la vallée, le gouvernement égyptien avait autorisé l'équipe à y installer son laboratoire.

— La récolte de la journée, annonça Carter, fatigué.

Alfred Lucas et Arthur Mace levèrent la tête. Le premier, cinquante-cinq ans, était un Mozart de la chimie. Il connaissait tous les matériaux utilisés par les artisans égyptiens et tous les produits chimiques modernes que l'on pouvait – ou non – employer. « Ne lavez surtout pas ce bois peint avec ce produit, malheureux ! toute la peinture s'en irait ! »

— Posez votre civière ici, lança le second.

Arthur Mace, quarante-huit ans, était aussi précis que précieux. Précis car, avec ses doigts de fée, il était capable de déplier un vieux rouleau de papyrus sans le briser en mille morceaux ; c'est lui qui restaurait les objets pour leur donner une seconde jeunesse. Il était également précieux car, par sa finesse d'esprit et sa gentillesse, il aplanissait les problèmes qui ne manquaient pas d'apparaître dans l'équipe. Il savait dompter l'ours Carter, naturellement peu apte à la vie de groupe, et qui l'était de moins en moins à mesure que sa fatigue grandissait.

— Je retourne à la tombe, annonça Callender. Vous venez, Howard ?

— Non, je reste ici, j'aimerais voir ce que contient le coffre peint. J'ai promis à la fille de Carnarvon de le lui écrire. Pouvez-vous demander à Burton de venir prendre des photographies ?

— Ce sera fait !

Mace enfila des gants de coton, s'accroupit devant le coffre et l'examina : il était bien conservé. Magnifiques peintures. Charnières en parfait état.

Il plaça ses mains de part et d'autre du couvercle bombé et le souleva en retenant son souffle : on ne connaissait jamais à l'avance le contenu d'un coffre.

À droite, sur le dessus, il y avait une paire de sandales en papyrus et jonc en parfait état. En dessous, un chevet doré, sorte d'oreiller de bois sur lequel les Égyptiens posaient leur nuque. Encore en dessous, on devinait une masse confuse de vêtements, d'or et de cuir. À gauche sur le dessus, une robe royale pliée et couverte de perles de faïence et d'or.

— Ah, problème ! s'exclama Mace. Une robe décorée... Si j'y touche, le tissu et les perles s'effriteront. Je peux la solidifier avec un produit chimique et la sortir d'un bloc, mais les décorations seront alors perdues dans la masse. Autre solution, découper le tissu par petits bouts pour sauver les décorations. Mais la robe sera fichue. Que voulez-vous que je sauve ?

Howard Carter ne répondit pas. Il observait, absent, l'intérieur du coffre. Durant tant d'années, il avait imaginé la vie de Toutankhamon, son enfance, son métier de roi, sa mort... Mais le pharaon n'était encore qu'un fantôme incertain et sans épaisseur : personne ne savait à quoi il ressemblait, ni comment il s'habillait, ni ce qu'il mangeait. Certains allaient jusqu'à douter de son existence.

Depuis la découverte de la tombe, chaque objet trouvé lui redonnait un peu plus corps. Cette robe de lin décorée, il l'avait réellement portée. Cette mèche accompagnée de l'inscription : « Boucle de cheveux du Roi quand il était enfant », c'était la sienne. Cette petite sandale avec le sceau royal indiquait qu'il était encore gamin, pas plus de dix ans, lorsqu'il était devenu pharaon. Et ce visage qui apparaissait sur le coffre, le trône d'or et les statues, c'était le sien.

Ce visage juvénile, Carter le connaissait d'ailleurs bien : il l'avait déjà vu à plusieurs reprises hors de la tombe, par exemple dans le temple de Louxor. Un bas-relief y représentait un pharaon dont les traits étaient ceux de Toutankhamon. Et il s'agissait bien de lui, même si c'est le nom de Horemheb qui apparaissait à côté. Le général avait visiblement usurpé la fresque en faisant changer le nom.

Mais le mauvais sort jeté par Horemheb avait pris fin : 3 200 ans après qu'il eut fait disparaître Toutankhamon du monde des vivants, ce dernier recommençait à exister grâce à ses cheveux, ses sandales, sa robe...

— Excusez-moi, patron, mais pour la robe, je fais quoi ?

L'archéologue émergea de sa rêverie :

— La robe ?

— Oui, que voulez-vous que je conserve, le tissu ou les décorations ?

Cruelle décision : il fallait sacrifier l'un pour sauver l'autre. Mais lequel ? Une boule de tissu plié ne serait pas très instructive. Alors qu'en sauvant la décoration, on pourrait la plaquer sur une robe moderne équivalente et se faire une bonne idée de l'ensemble.

— Sauvez la décoration, ordonna-t-il.

« ... et détruisez la robe », poursuivit-il en lui-même. C'était terrible, presque criminel : demander la destruction d'un vêtement qui avait survécu à Horemheb, aux pilleurs et à trois millénaires d'histoire...

Si vraiment, comme l'égyptologue le pensait, Toutankhamon recommençait à exister grâce aux objets retrouvés dans la tombe, qu'adviendrait-il de lui une fois la robe détruite ? Existerait-il un peu moins ?

Il réalisa soudain que, depuis un mois, il vidait méthodiquement la sépulture de Toutankhamon de ses trésors et dépouillait le pharaon de ses biens.

Lui qui pestait depuis toujours contre les pilleurs de tombes, n'en était-il pas devenu un ?

CHAPITRE SIX

*La salle de la momie –
Carter à bout de nerfs et Carnarvon
à bout de forces – Une « malédiction » ?*

Arriva enfin le jour de briser la porte murée et de découvrir ce qu'elle cachait.

Mais rien ne se passa comme Carter l'avait espéré : ce ne fut pas la cérémonie solennelle et respectueuse qu'il avait imaginée. Les événements s'accélérèrent au contraire, brutaux et tragiques, au point que les journaux parleraient bientôt de la « malédiction de Toutankhamon » et de la « vengeance de la momie contre ceux qui l'ont dérangée ».

Un numéro de cirque : voilà à quoi ressembla l'ouverture de la porte.

Depuis une quinzaine de jours, la tension était vive dans la Vallée des Rois, très exactement depuis le retour à Louxor de lord Carnarvon et de sa fille. Les journalistes savaient que les aristocrates étaient revenus pour l'ouverture. Et comme ils voulaient à tout prix assister à l'événement, même de l'extérieur, même sans rien voir, ils faisaient le pied de grue devant la tombe. Leur peur de rater quelque chose était telle que, lorsqu'ils s'absentaient pour un besoin naturel, ils payaient un Égyptien pour faire le guet et les prévenir, au cas où.

Une vraie meute.

***

Le vendredi 16 février 1923, à 12 h 30, Howard Carter, Arthur Callender et Henry Burton sortirent de la tombe les mains vides, traversèrent la foule comme si de rien n'était et se rendirent dans la tombe de Séthi II pour y déjeuner. Les touristes laissèrent échapper des soupirs de déception – il ne se passerait rien dans l'immédiat – et redescendirent vers leurs hôtels. Seuls les journalistes restèrent là, rouges comme des écrevisses à cause des heures d'attente au soleil.

Peu avant 14 heures, ils aperçurent une petite procession remonter la vallée, rejointe par l'équipe de Carter. Callender ouvrit la grille de la tombe de Toutankhamon et des ouvriers égyptiens y descendirent des chaises pliantes.

— Nous allons donner un concert ! lança lord Carnarvon tout guilleret aux journalistes. Carter va chanter une mélodie...

L'archéologue fronça les sourcils : « Chanter une mélodie, maugréa-t-il, me voilà simple choriste... » Puis il essaya d'oublier la remarque. De toute façon, épuisé qu'il était par les deux mois de travail acharné, par la peur d'abîmer un objet, par la chaleur et par la foule, il avait perdu tout sens de l'humour. Alors bon.

Les invités s'installèrent dans l'antichambre, désormais vide. Rien que du beau monde trié sur le volet : un ministre égyptien, un gouverneur local, le directeur général des Antiquités, d'éminents égyptologues, des conservateurs de musées, des professeurs d'université, ainsi que le reporter du *Times* Arthur Merton, l'ingénieur Callender, le photographe Burton, le chimiste Lucas, le restaurateur Mace et bien sûr lord Carnarvon et la belle Evelyn. Au total, une vingtaine de personnes.

De puissants projecteurs éclairaient la porte scellée.

Debout sur une plate-forme en bois, Carter tapa du poing sur le mur pour localiser le haut de la porte. D'une main tremblante, il arracha le plâtre, ôta les premières pierres qui formaient la porte, perça un petit trou mais se retint d'y jeter un œil. Il l'agrandit encore et encore, jusqu'à pouvoir y introduire une lampe torche. Alors seulement il regarda de l'autre côté et découvrit... à moins d'un mètre derrière la porte...

Un mur en or massif !

Un mur en or qui s'étendait aussi loin que portait le regard.

Le trésor si longtemps recherché était là, de l'autre côté, intact !

Des chuchotements.

Carter se retourna.

Il les avait presque oubliés, mais la vingtaine de spectateurs était toujours assis derrière lui à le regarder. Debout sur son estrade, sous le feu des projecteurs, il se donnait en spectacle. Pas vraiment la cérémonie digne qu'il avait imaginée.

Callender et Mace le rejoignirent et, tous les trois, descellèrent la porte avec une infinie précaution, pierre par pierre. Si l'une d'elles venait à basculer de l'autre côté, elle endommagerait irrémédiablement le mur d'or.

Après deux heures d'un travail lent et minutieux – derrière, les spectateurs bâillaient, toussaient, commentaient – le trou fut assez grand pour que Carter y pénètre. Silence immédiat dans la salle.

Il se faufila dans une sorte de couloir, bordé d'un côté par un mur de pierre décoré, de l'autre par le mur d'or. En fait de mur, il s'agissait d'une immense chapelle en bois doré, haute de deux mètres soixante-dix, large de trois mètres et longue de cinq, couverte de hiéroglyphes et de dessins, qui remplissait presque entièrement la salle. Seul un étroit passage permettait d'en faire le tour.

« À l'intérieur, pensa l'archéologue, il doit y avoir le sarcophage de pierre de Toutankhamon... Toutankhamon, depuis le temps que je te cherche, et te voilà ! »

Ému, il s'enfonça dans le couloir et aperçut sur sa droite, dans le faisceau de la lampe torche, une porte basse non murée. Elle donnait sur une ultime pièce, assez petite.

Par terre, une statue du chien Anubis enveloppée dans une étoffe surmontait un coffre doré. Juste derrière, une élégante statue dorée de la vache Hathor. Sur les côtés, une série de coffrets et des maquettes de bateaux. Mais le meuble le plus imposant était un coffre monumental recouvert d'or et surmonté d'une frise de cobras sacrés. Chaque face était gardée par la statue d'une déesse, les bras tendus en signe de protection. Ce coffre devait renfermer quelque chose de très précieux, sans doute les vases canopes contenant le cœur et les organes du roi.

« Un peu de désordre mais pas trop, remarqua l'archéologue. Les pilleurs sont parvenus jusqu'à la salle du trésor, mais sans faire trop de dégâts. Tant mieux. »

Soulagé, il quitta la douceur obscure du couloir et regagna l'antichambre, ébloui par le projecteur. Les spectateurs le regardaient, attendant quelque chose : des descriptions, des exclamations, des superlatifs. Mais il n'avait pas envie de parler, de partager ses impressions. Il avait passé tant de temps à rechercher

Toutankhamon dans l'indifférence générale que, maintenant qu'il l'avait trouvé, il voulait le garder un peu pour lui seul.

Il dut tout de même, car cela faisait partie de son travail, retourner dans la chambre funéraire pour la faire visiter, d'abord à lord Carnarvon et à l'inspecteur des Antiquités, puis aux autres invités, deux par deux.

Les jours suivants, les visites mondaines se poursuivirent. Il y eut la reine de Belgique, une comtesse recommandée par la snob Minnie Burton, et les Breasted, les Macy, les Thompson, tous de vieux amis du lord... Parfois, ça frisait le grotesque : l'imposant général John Maxwell, imposant surtout par la taille de son ventre, resta coincé dans l'étroit couloir. Quatre hommes furent nécessaires pour le débloquer.

— On doit arrêter ce cirque ridicule ! déclara l'archéologue à son patron le soir même.

— Quel cirque ?

— Ces visites inutiles... C'est un danger pour la tombe et je dois me remettre au travail.

— Vous aurez tout le temps de travailler plus tard ! Profitez un peu de la vie !

L'archéologue regarda l'aristocrate, abasourdi. « Profiter de la vie, répéta-t-il en lui-même, alors que la saison chaude arrive à grands pas et qu'il reste tant à faire ?! Tout ça parce que Sa Seigneurie considère la tombe comme sa résidence secondaire et veut la faire visiter à ses amis... Vivement qu'il retourne en Angleterre ! »

— Et pour les journalistes, on fait quoi ? demanda-t-il.

— On fait ce que j'ai décidé : vous donnerez au reporter du *Times* toutes les informations dont il aura besoin. Et pour les autres, motus !

— Mais ça ne fonctionne pas ! Vous le voyez bien, c'est invivable ! C'est le meilleur moyen de nous mettre les journalistes à dos. On court à la catastrophe...

— Premièrement Howard, j'aimerais que vous gardiez votre calme. Je sais que vous êtes épuisé et à bout de nerfs, mais un peu de tenue, que diable ! Deuxièmement, j'ai dépensé énormément d'argent depuis neuf ans pour ces fouilles. J'ai maintenant la possibilité d'en gagner un peu grâce au contrat avec *The Times*. Je ne vais pas m'en priver.

Carter ravala sa salive, exaspéré. « En attendant, c'est moi qui me coltine les journalistes au jour le jour... À bout de nerfs ! À bout de nerfs !... Stupide. »

— Vous avez raison, se contenta-t-il de dire, les dents serrées. Veuillez m'excuser...

Le lendemain, la « foire » se poursuivit : la reine de Belgique revint voir la chambre funéraire ; le comte joua au guide touristique avec ses amis ; badauds et journalistes se massèrent plus nombreux devant la tombe.

Le soir, au moment de rentrer dîner chez lui, où l'attendait déjà lord Carnarvon, l'archéologue fut interpellé par un reporter.

— Monsieur Carter, monsieur Carter !... Pourriez-vous me confirmer ces informations données par un confrère ?

Carter s'empara du journal qu'on lui tendait, le survola puis, comme piqué par un scorpion, dévala la vallée, le journal toujours à la main.

Dégoulinant de sueur et de rage, il débloua devant sa maison, respira un grand coup pour se calmer, puis entra.

— Voilà, voilà le résultat ! lança-t-il en jetant le journal sur la table.

Lord Carnarvon posa son verre et lut : « Toutankhamon : opération secrète pour vider la tombe. Selon nos sources, plusieurs avions auraient décollé d'Angleterre pour l'Afrique. Affrétés par lord Carnarvon, ils devraient atterrir en Égypte, dans le désert libyque. Le trésor de Toutankhamon y sera chargé, puis les aéroplanes repartiront pour l'Angleterre. Le but de l'opération est de court-circuiter les autorités égyptiennes, qui ne souhaitent pas partager le trésor et veulent le garder dans sa totalité sur le sol égyptien... »

— C'est ridicule...

— Oui, ridicule, mais c'est la conséquence de vos décisions. Si l'on avait parlé aux journalistes, ils n'auraient pas eu besoin d'inventer ces idioties...

Le visage de l'aristocrate se ferma brusquement :

— Écoutez Carter, clarifions les choses une bonne fois pour toutes. La tombe de Toutankhamon ne vous appartient pas. C'est moi qui ai financé les fouilles et, d'après le contrat qui nous lie, j'en suis le découvreur officiel. Vous, vous êtes mon employé. Je vais donc gérer les retombées comme bon me semble et je vous demanderai, dorénavant, de rester à votre place...

Carter sentit sa poitrine se gonfler. Il était sur le point d'exploser. La situation était désormais claire : il n'était que le valet de Son Altesse. En silence, il fit demi-tour et se dirigea vers la porte. Mieux valait sortir, prendre l'air, marcher, courir peut-être, en tout cas faire retomber la pression. Car s'il explosait, personne n'en sortirait indemne...

— Une dernière chose, Howard...

Il s'arrêta et attendit la suite.

— ... ma fille Evelyn, depuis deux mois, vous lui avez écrit plusieurs lettres. Je vous demande d'arrêter. Vous avez quarante-huit ans et elle seulement vingt et un...

Carter se retourna. Là, c'était trop. Le vieux comte dépassait les bornes : certes, Evelyn était jolie, très jolie même, intelligente, drôle, certes ils s'étaient écrit de gentilles lettres, mais de là à sous-entendre que... que...

Il désigna du doigt la porte et, hors de lui, explosa :

— Sortez... sortez de chez moi et n'y remettez plus jamais les pieds !

***

Carter se balançait depuis un temps infini dans un rocking-chair, devant sa maison. Avec le printemps qui arrivait, les nuits devenaient de plus en plus chaudes. De gros insectes volants tournoyaient autour de la lampe électrique, s'en allaient puis revenaient.

Sur la table devant lui, une pile de journaux, une lettre, un verre, une bouteille de whisky à moitié vide.

Il se sentait épuisé, impuissant, comme si le temps et les événements coulaient entre ses doigts, qu'il ne pouvait ni les retenir ni les maîtriser.

Depuis la dispute avec lord Carnarvon, le 18 ou 19 février – il ne savait plus trop bien –, tout était allé très vite. Deux mois horribles...

Il jeta un œil aux titres des journaux. Les reporters s'étaient lâchés : « La vengeance de Toutankhamon », « Mort mystérieuse sur le Nil », « Lord Carnarvon victime de la momie »...

Même avec le cerveau embrumé par l'alcool, Carter demeurait un homme rationnel. Il ne croyait pas aux malédictions, ni aux sortilèges, ni aux superstitions, et n'y croirait jamais. Tout pouvait s'expliquer rationnellement.

Comme pour s'en convaincre, il ressassa les événements des deux mois écoulés.

D'abord... d'abord quoi ?... d'abord, la dispute. Pas la peine de revenir dessus. Ensuite, les vacances. La situation était devenue tellement explosive dans la vallée que Carnarvon et lui s'étaient mis d'accord pour faire une pause et éloigner la foule. Le 26 février, l'entrée de la tombe avait été rebouchée. Le comte, sa fille et Arthur Mace étaient partis en vacances dans le Sud, à Assouan. Carter était resté dans sa maison. Une semaine de repos bien méritée.

L'archéologue se pencha et, alors que son rocking-chair basculait en avant, saisit une lettre sur la table. Il l'avait reçue de l'aristocrate pendant sa semaine de repos : « Je me suis senti très triste aujourd'hui et, comme je ne savais pas quoi penser ou faire, je suis allé voir Evelyn qui m'a tout raconté. J'ai dit des choses très bêtes et j'en suis absolument désolé. J'aimerais vous dire ceci, et j'espère que vous vous en souviendrez toujours : quels que soient vos sentiments à mon égard, aujourd'hui et à l'avenir, mon affection pour vous ne changera jamais. »

L'archéologue reposa la lettre, but une gorgée de whisky et bascula en arrière. Il se sentait vide.

Sur le coup, il n'avait pas répondu au courrier du comte : il n'était pas parvenu pas à lui pardonner – maudite rancune. Et aujourd'hui, il était trop tard.

La suite ?... Le 7 mars, le travail avait repris. La tension dans la vallée était un peu retombée mais les relations avec Carnarvon ne s'étaient guère améliorées. Le comte avait logé dans un hôtel de Louxor – pas très agréable, trop de moustiques, s'était-il plaint – puis, le 14 mars, il avait pris un train de nuit pour Le Caire avec Evelyn. Un rendez-vous était prévu avec l'inspecteur général des Antiquités afin de discuter de l'épineux problème du partage du trésor.

Quelque part sur la table, sous la pile de journaux, se trouvait le télégramme d'Evelyn. Posté le 19 mars au Caire, il disait à peu près ceci : « Père gravement malade. Venez vite. »

Oubliées les fâcheries, Carter s'était rendu dès le lendemain dans la capitale égyptienne. L'aristocrate était en effet au plus mal. Une piqûre de moustique sur la joue, a priori anodine, s'était envenimée. Et comme la santé du vieil homme était déjà chancelante, le mal s'était mué en infection sanguine, puis en pneumonie. Le médecin personnel du comte avait été appelé en renfort d'Angleterre. En vain : le 5 avril 1923, George Edward Stanhope Molyneux Herbert, lord Porchester, cinquième comte de Carnarvon, était décédé au Caire.

Voilà pour les faits.

Il n'y avait là rien de surnaturel. Tout s'expliquait.

L'archéologue bascula en avant et s'empara de la pile de journaux.

Plusieurs reporters avaient pourtant trouvé le moyen de transformer ces tragiques événements en malédiction. « Derrière la porte de la chambre funéraire, écrivait l'un d'eux, les grands prêtres ont laissé un papyrus menaçant de mort toute personne qui violerait la tombe. Lord Carnarvon vient d'en payer le prix. »

— Sottises ! s'exclama Carter, son verre à la main. C'est moi qui suis entré le premier dans la tombe et il n'y avait rien.

« Signe de mauvais augure, était-il écrit dans un autre article, le canari de Carter est mort. Un cobra est entré dans sa cage et l'a tué. Est-il besoin de rappeler que ce serpent était le symbole des pharaons ? »

— Bêtises ! Mon canari va bien... Il n'est plus à la maison car je l'ai confié à Minnie Burton, pour qu'elle s'en occupe en mon absence.

« Une voyante anglaise nous a contactés, relatait un troisième journal. Peu avant l'ouverture de la chambre funéraire, elle a mis en garde lord Carnarvon d'y pénétrer, afin d'éviter la vengeance du pharaon. Il aurait répondu qu'il allait y réfléchir. On connaît la suite... »

— Absurde ! La voyante peut dire ce qu'elle veut, c'est de toute façon invérifiable puisque le comte est mort... Le problème avec les voyantes, c'est qu'elles prédisent souvent les choses après qu'elles se sont produites. Et quand elles le font avant, elles se trompent une fois sur deux...

« Pour lutter contre les pilleurs, s'aventurait un dernier journaliste, la tombe a été piégée. Les prêtres égyptiens y ont placé des champignons microscopiques et vénéneux qui ont survécu 3 200 ans. En respirant l'air de la tombe, les archéologues se sont empoisonnés... »

— Mauvaise nouvelle, Howard, tu as toi aussi respiré l'air de la tombe. Ton sort est scellé...

Il haussa les épaules, prit la bouteille et se servit un autre verre.

Non, décidément, il ne croyait pas à cette « malédiction ».

Tout s'expliquait rationnellement dans cette triste affaire. Tout sauf, peut-être, deux faits étranges. Il avait été le témoin direct du premier : à l'instant même de la mort du comte, les lumières du Caire s'étaient éteintes. Panne d'électricité générale. Seconde chose inexplicable, rapportée par une personne digne de confiance, le fils de Carnarvon : alors que son père agonisait en Égypte, à cinq mille kilomètres de là, dans le château de Highclere, le chien du lord hurla interminablement et sans raison apparente, puis tomba raide mort.

Simples coïncidences ?

Howard Carter bascula en arrière et regarda les étoiles.

Lord Carnarvon, un pilleur de tombe.

Lord Carnarvon, tué par Toutankhamon.

Howard Carter, un autre pilleur de tombe.

Howard Carter, le prochain sur la liste ?

Au-dessus de lui, les étoiles bougeaient sans cesse dans le ciel. Il avait la tête qui tournait. Il était l'heure de se coucher.

ÉPILOGUE

La rencontre d'une vie

Trois années avaient passé depuis la découverte de la tombe de Toutankhamon.

Trois années d'un travail acharné, à inventorier, classer, restaurer le trésor. Après l'effervescence des premiers mois, et même des premières années, la pression était peu à peu retombée. Les journalistes avaient plié bagage et la Vallée des Rois retrouvé son calme.

Le samedi 10 octobre 1925, à 6 h 30 du matin, les ouvriers déblayèrent les gravats entassés en fin de saison précédente devant l'escalier pour en protéger l'accès. Une fois la porte ouverte, Howard Carter s'enfonça dans le couloir et inspecta les lieux. Rien n'avait changé ; toujours le même sentiment de respect et de gêne mêlés, la même impression que des forces invisibles habitaient le tombeau.

Il pénétra dans la chambre funéraire et alluma de gros projecteurs électriques. Les fresques colorées, les seules de toute la tombe, apparurent sur les parois. Le mur est montrait la procession qui avait accompagné Toutankhamon à sa dernière demeure. Sur le mur nord, le divin père Aÿ, vêtu d'une peau de félin, pratiquait la cérémonie d'ouverture de la bouche sur le pharaon. Sur le mur ouest, des scènes montrant ce qui se passe dans l'au-delà. Sur le mur sud, la rencontre entre Toutankhamon et la déesse Hathor.

Au milieu de la pièce se trouvait le sarcophage de pierre. Durant la deuxième saison, la chapelle dorée avait été soigneusement démontée. En fait, il n'y en avait pas *une,* mais *quatre,* emboîtées les unes dans les autres à la manière de poupées russes. À l'intérieur de la plus petite se trouvait une cuve de pierre taillée dans un bloc de quartzite rouge. Aux quatre coins, des déesses sculptées déployaient leurs bras ailés.

Carter se pencha sur le sarcophage, dont le couvercle de pierre avait été enlevé deux ans plus tôt. À l'intérieur, un large cercueil en bois doré, grossièrement ouvragé, représentait Toutankhamon allongé, une perruque rituelle sur la tête, les bras rabattus sur la poitrine, le fouet royal dans la main droite et la crosse d'Osiris dans la gauche. Son corps était couvert de motifs de plume, comme si la déesse Isis l'enveloppait de ses ailes protectrices.

— Me revoilà, murmura l'archéologue, la voix chevrotante.

Devant lui reposait celui qu'il avait si longtemps recherché. Il pouvait presque sentir sa présence. Et bientôt, ils se rencontreraient.

Les jours suivants, avec l'aide du chimiste Alfred Lucas et du photographe Henry Burton, il inspecta minutieusement le couvercle du cercueil, les clous d'argent à tête d'or qui le maintenaient à la partie inférieure – apparemment pas trop durs à arracher – et les quatre poignées d'argent qui constitueraient une bonne prise. Il fit installer au-dessus du sarcophage un treuil composé de deux blocs de trois poulies fixés à une armature verticale. Des câbles furent accrochés aux poignées d'argent.

— Doucement, tout doucement...

Imperceptiblement, presque sans effort, le couvercle se souleva, s'éleva dans les airs, dévoilant non pas une momie mais un deuxième cercueil plus petit, recouvert d'une fine toile de lin noircie et d'une guirlande de feuilles d'olivier et de fleurs séchées.

Carter les examina attentivement sans les toucher. Il pressentait sous le linceul quelque chose de très beau, mais devait attendre encore un peu avant de le découvrir. Il s'attarda sur les fleurs, des bleuets.

— Une nouvelle pièce du puzzle...

Depuis trois ans, il avait appris à connaître le jeune roi grâce à ses vêtements, à ses meubles, à sa nourriture. Mais aucun papyrus, aucun texte biographique n'avait été découvert dans la tombe : on ignorait toujours de quoi Toutankhamon était mort et qui étaient ses parents – et cela resterait peut-être, pour toujours, un mystère. Les rares informations avaient été indirectes. Ainsi, une date, « an neuf du règne de Toutankhamon », apparaissait-elle sur plusieurs jarres de vin. Le pharaon avait donc régné au moins neuf ans. Et comme aucune date ultérieure n'avait été retrouvée, on pouvait supposer que son règne – et sa vie – s'étaient arrêtés cette année-là. Autre indice : le nom « Toutankhaton » apparaissait sur le trône doré, laissant entendre qu'il avait été couronné sous ce nom puis en avait changé.

— Des bleuets, analysa Carter. En Égypte, ils fleurissent en mars-avril. Tu as donc été enterré à cette période. Et comme le deuil durait 70 jours, tu es mort en janvier. Ai-je raison ?

La guirlande et le suaire furent photographiés par Burton, puis enlevés. En dessous – étincelant ! – apparut le plus beau des cercueils. Lui aussi représentait Toutankhamon, mais, contrairement au premier, il était d'une extrême délicatesse : le visage du roi était fin et précis. Recouvert d'une épaisse couche d'or, il était incrusté de pâtes de verre opaques rouges, turquoise et bleu marine. Un fabuleux chef-d'œuvre d'orfèvrerie.

Sa surface semblait toutefois assez fragile et il faudrait éviter de trop le manipuler. Avec le treuil et une infinie précaution, Carter et son équipe l'extirpèrent du premier cercueil, couvrirent la cuve d'épaisses planches de bois et le posèrent dessus. Restait à l'ouvrir. Comme il n'y avait aucune poignée, ils plantèrent quatre solides œillets sur le couvercle, là où cela ferait le moins de dégâts.

Les câbles y furent attachés puis le treuil actionné. Les filins se tendirent, vibrèrent comme des cordes à violon, sans résultat. La tension des câbles, contagieuse, gagna les égyptologues : à tout moment, le cercueil risquait de se briser.

— Tu ne veux pas ?...

Puis, imperceptiblement, le couvercle se décolla. Une goutte de sueur perla sur la joue de Carter, entre nervosité et exaltation. Personne, depuis l'enterrement du pharaon, personne, pas même les pilleurs, n'avait vu ce qu'il voyait là. Il vivait un moment unique, émouvant, à la fois historique et très intime.

Un troisième cercueil apparut alors, partiellement voilé par un linceul rouge. Ce cercueil était, si c'est possible, encore plus fin que le deuxième, plus richement décoré, tellement beau que c'en était presque irréel. Carter ne put s'empêcher de le caresser du bout des doigts, de le toucher, de le tapoter de l'ongle.

Un tintement métallique.

— De l'or massif, murmura-t-il à ses compagnons. Pas du bois recouvert d'or : de l'or massif. Cent kilos, à vue d'œil.

Il sentit son cœur se gonfler d'une joie irradiante, mais pas celle qu'on aurait pu croire : pas la joie du pilleur qui devient soudain riche. L'égyptologue savait qu'il ne conserverait rien du trésor, pas la moindre statuette, pas le moindre souvenir. Après la mort de lord Carnarvon, les autorités égyptiennes, la famille du comte et lui-même étaient tombés d'accord pour que tous les objets restent en Égypte, regroupés en un endroit unique, au musée du Caire, où chacun pourrait les admirer. C'était mieux ainsi.

La joie de Carter n'était pas celle d'un pilleur, mais d'un homme en train de réaliser le rêve de sa vie.

Avec application et lenteur – pour faire durer ce moment le plus possible –, il accrocha les câbles aux poignées du troisième cercueil, actionna le treuil et doucement, tout doucement, souleva le couvercle, dévoilant une masse sombre.

Toutankhamon était là, allongé et silencieux, enroulé dans des bandelettes de lin.

— Te voilà enfin, lâcha Carter dans un souffle, oubliant la présence de Burton et de Lucas.

Le corps momifié était couvert d'onguents noirs, versés par les prêtres lors des funérailles. Il s'en échappait une odeur agréable et parfumée comme celle de la résine chaude. Des mains en or étaient cousues sur la poitrine et un masque funéraire couvrait la tête et les épaules.

Ce masque en or était d'une beauté fascinante. Les yeux du pharaon, en obsidienne noire rehaussée par un liseré en pâte de verre bleue, dominaient son visage. Sur son front, il arborait le vautour et le cobra royaux et, sous le menton, la barbe rituelle des dieux. Il portait une coiffe incrustée de pâte de verre bleue et un large collier.

Carter fixa, comme hypnotisé, le regard noir du pharaon. Les petits triangles roses au coin des yeux, les plis à la commissure des lèvres, les oreilles percées, chacun de ces détails rendait le masque très expressif, presque vivant. Toutankhamon avait le visage triste d'un jeune homme surpris trop tôt par la mort.

— Depuis la cité d'Aton jusqu'à la Vallée des Rois, nos routes se sont souvent croisées. Depuis le temps que je marche dans tes pas, je suis heureux de te rencontrer enfin, Toutankhamon.

Carter tendit fébrilement sa main pour toucher la momie, comme on sert la main d'un ami. Mais, à quelques centimètres seulement des bandelettes, il s'arrêta net.

Des mots résonnaient encore dans sa tête.

« Malédiction de la momie. »

Il avait beaucoup réfléchi à toute cette histoire, à la vengeance du pharaon, aux champignons dans la tombe, à la mort. Et sa conclusion était que, si malédiction il y avait eu, la victime n'avait pas été lord Carnarvon mais Toutankhamon lui-même. Lorsque le général Horemheb avait effacé son nom des monuments, il y a 3 200 ans, le jeune pharaon avait perdu son identité. Et sans elle, il lui était devenu impossible de poursuivre son voyage dans le monde des morts.

Pour un Égyptien, c'était ça la vraie malédiction.

« Que mon nom me soit rendu dans le grand Temple de l'Au-Delà ! » était-il écrit dans le Livre des Morts.

Grâce à leur découverte, lord Carnarvon et Howard Carter avaient rendu à Toutankhamon son nom, désormais aussi célèbre que ceux de Kheops, le bâtisseur de la grande pyramide, et de Ramsès II, l'immense conquérant.

La malédiction d'Horemheb avait désormais pris fin : fort de son identité retrouvée, Toutankhamon avait pu reprendre son voyage magique dans l'autre monde, en quête d'immortalité.

Immobile à côté du cercueil ouvert, Carter observa longuement le magnifique masque, le corps bandé, les mains d'or sur la poitrine, et sa propre main à quelques centimètres de la momie.

Après une ultime hésitation, il la tendit et, au moment où elle toucha le pharaon, il sentit une étrange chaleur lui traverser les doigts, comme un souffle de vie.

Toutankhamon était devenu immortel.

L'Égypte

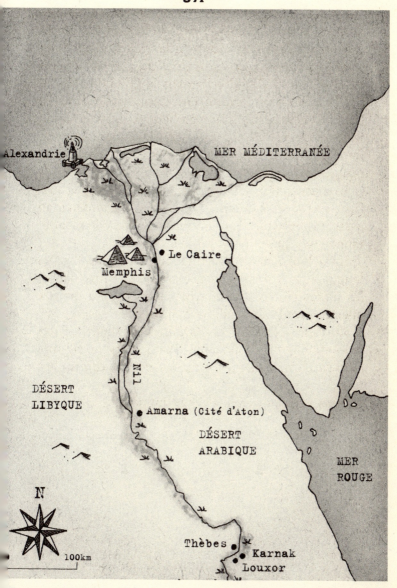

La région de Louxor

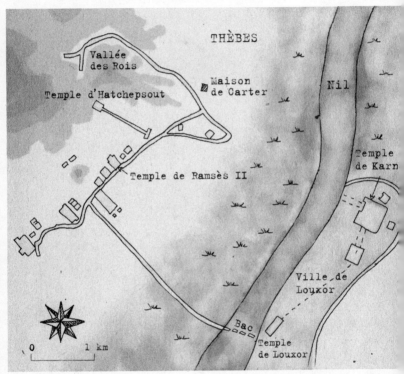

La Vallée des Rois

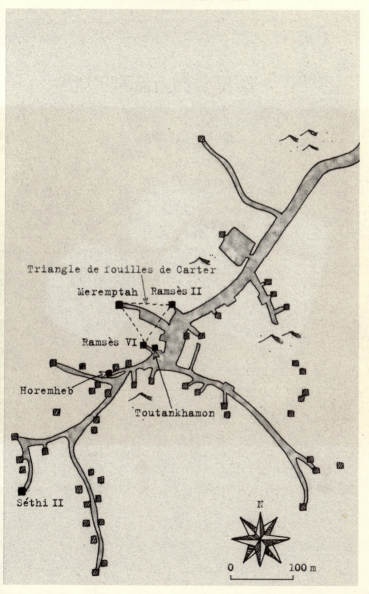

Plan de la tombe de Toutankhamon

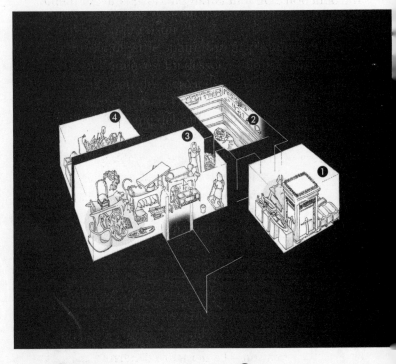

1. Le trésor
2. La chambre funéraire
3. L'antichambre
4. L'annexe

Table des matières

Introduction : Où tout aurait pu s'arrêter avant même d'avoir commencé 7

PREMIÈRE PARTIE

Chapitre 1 : L'enfance heureuse de Toutankhaton – La punition – Une nouvelle qui bouleverse une vie 13

Chapitre 2 : Carter se souvient de ses débuts – L'archéologie comme un puzzle – Un pharaon oublié ? 27

Chapitre 3 : « Comment je suis devenu pharaon » – Des dieux et de l'or – Dix-huit ans et l'éternité devant soi 35

Chapitre 4 : Comment Carter devint inspecteur – On a pillé une tombe ! – Sur la piste des voleurs 45

Chapitre 5 : Horus a rejoint le Globe ! – La momification – La demeure d'éternité 57

Chapitre 6 : À la recherche de Toutankhamon – L'introuvable tombe – Lord Carnarvon s'impatiente 65

Chapitre 7 : La vengeance d'Horemheb – Mort pour
la deuxième fois –
Ce qu'il advint de la tombe 77

SECONDE PARTIE

Chapitre 1 : Retour au moment où tout aurait
pu s'arrêter – Carter abat ses cartes
un peu vite – Gros coup de bluff 83

Chapitre 2 : Ultime saison de fouilles –
« On a trouvé quelque chose ! » –
Mais où mènent ces marches ? 89

Chapitre 3 : Le sceau de Toutankhamon –
On creuse – Carter comprend
la terrible réalité 99

Chapitre 4 : L'entrée dans la tombe – Un trône,
des coffrets et... – ... une mystérieuse
porte 109

Chapitre 5 : Opération « sandale » – Les fauves
sont lâchés – On sauve les meubles ... 119

Chapitre 6 : La salle de la momie – Carter à bout
de nerfs et Carnarvon à bout de forces
– Une « malédiction » ? 131

Épilogue : La rencontre d'une vie 145

AUX SOURCES DU LIVRE

« Howard Carter, lorsqu'il était inspecteur des Antiquités, a-t-il vraiment traqué des pilleurs de tombe ? Et lord Carnarvon, a-t-il envisagé d'abandonner les fouilles ? Qu'est-ce qui est vrai dans *Dans les pas de Toutankhamon* ?

Après la mise au jour de la tombe de Toutankhamon, Howard Carter a raconté dans un livre les principales étapes de sa découverte : les indices qui lui laissaient croire qu'elle se trouvait dans la vallée, les vaines années de recherches, l'ouverture de la sépulture, le travail de restauration, la pression des journalistes... Par la suite, de nombreux historiens et égyptologues, parmi lesquels Christiane Desroches-Noblecourt, se sont intéressés à Toutankhamon, à sa vie et aux objets retrouvés dans la sépulture.

Tous ces documents ont servi à l'écriture de *Dans les pas de Toutankhamon*...

Bien sûr, certains éléments de l'histoire, dont il ne reste aucune trace, ont été imaginés : les dialogues, les pensées intimes des protagonistes, le moment où Carter a parlé pour la première fois de Toutankhamon à Carnarvon... Par ailleurs, plusieurs passages ont été écrits en fonction des connaissances actuelles en égyptologie. Mais ces connaissances évoluent : ainsi, en 2005, lors de la première parution de ce livre sous le titre *Sous le sable d'Égypte, le mystère de Toutankhamon*, les archéologues ignoraient les liens de parenté reliant Toutankhamon à Akhenaton et à Néfertiti. En 2010, des tests ADN ont montré que Toutankhamon était le fils d'Akhenaton mais pas celui de Néfertiti. Certains passages ont donc été adaptés pour tenir compte de ces connaissances nouvelles. »

Philippe Nessmann

Philippe Nessmann est né en 1967 et a toujours eu trois passions : les sciences, l'histoire et l'écriture. Après l'obtention d'un diplôme d'ingénieur puis d'une maîtrise d'histoire de l'art, il s'est lancé dans le journalisme. À *Science & Vie Junior,* ses articles racontaient aussi bien les dernières découvertes scientifiques que les aventures passées des grands explorateurs. Aujourd'hui, il s'est entièrement tourné vers l'édition pour la jeunesse, mais avec toujours les sciences et l'histoire en toile de fond. Pour les tout-petits, il a dirigé la collection de livres d'expériences scientifiques « Kézako » (Mango jeunesse). Pour les plus grands, il écrit des récits historiques.

Miguel Coimbra est autodidacte et vit près de Saint-Étienne. Il a travaillé comme concepteur graphique dans le jeu vidéo avant de se lancer comme illustrateur pour l'édition. Il illustre des romans, mais aussi des jeux de rôle et des cartes à collectionner. Il a déjà travaillé pour de nombreux éditeurs en France et à l'étranger. Son univers est celui du fantastique, de l'Histoire et de la mythologie.

Dépôt légal : mai 2014
N° d'édition : L.01EJEN000999.N001
Loi N° 49-956 du 16 juillet 1949
sur les publications destinées à la jeunesse